コロナ禍、貧困の記録

2020年、
この国の底が抜けた

雨宮処凛
Amamiya Karin

かもがわ出版

まえがき

「コロナになってもならなくても死ぬ」

この言葉は、コロナ禍で開催された生活相談ホットラインに電話をくれた人が口にしたものだ。

生活はギリギリで、コロナに感染しても死ぬし、感染しなくても生活苦で死んでしまう――。

新型コロナウイルス感染がこの国でも広がり始め、不要不急の外出自粛や「ステイホーム」が呼びかけられ始めた2020年3月頃から、そんな悲鳴を多く耳にしてきた。

電話相談だけではない。公園で開催される炊き出しや相談会で、住まいを失った人々が身を寄せる夜のターミナル駅周辺で、ネットカフェが多くひしめく繁華街で、深刻な言葉を耳にしてきた。


ここで少し自己紹介をすると、文筆業の私は2006年からこの国の貧困の現場を取材し、また支援者の一人として困窮者の相談を受け、公的支援に繋げるなどの活動をしてきた。08年から09年の「年越し派遣村」も経験し、07年頃から目立つようになったいわゆる「ネットカフェ難民」などの支援や取材も続けてきた。07年からは「反貧困ネットワーク」(代表世話人・宇都宮健児)の副代表、のちに世話人としても活動してきた。

そんなふうに15年間、この国の「貧困」の現場に身を置く私にとっても、コロナ禍の打撃はこれまでにない規模のものだった。

多くの困窮者が出ることが見込まれた20年3月24日、貧困問題に取り組む30以上の団体（現在は40団体以上）で「新型コロナ災害緊急アクション」が急遽立ち上げられた。

4月に相談を受け付けるメールフォームを立ち上げると、そこには今に至るまで、連日、切実なSOSが届き続けている。

「今日、ホームレスになった」

「所持金ゼロ円です」

「もう一週間、水だけで過ごしています」

メールをくれるのは、圧倒的に非正規雇用の人々が多い。

飲食、宿泊、観光、イベント、テーマパーク、販売、日雇い派遣など。ヨガやジムのインストラクター、エステティシャンなどフリーランスも多くいる。世代は20〜40代が中心で、2〜3割を女性が占める。製造業派遣の中高年男性を中心に派遣切りが進んだリーマンショック時と違い、コロナ禍は、あらゆる業種に影響を与えている。特に、サービス業を支えてきた非正規女性が大打撃を受けている印象だ。

一方、これまで出会わなかった層からの相談も増えている。

「夜の街」と名指しされた風俗やキャバクラで働く若い女性。飲食や宿泊、イベント関係の事業を自ら経営していたという元経営者や自営業者。その中には、あっという間に借金まみれとなり、すでに路上生活となっている人々もいた。一方、「住宅ローンが払えない」という人もいる。そんな相談を初めて受けた時には思わず遠い目になった。

なぜなら、私がこれまで受けてきた「住宅」絡みの相談は、「家賃が払えない」「アパートを追い出されて住む場所がない」というものだったからだ。それが今、住宅ローンが組めるほどの「安定層」にまで、急激に貧困が広がっているのである。

「新型コロナ災害緊急アクション」のメンバーたちはSOSを受けると当人のもとに駆けつけ、まずは聞き取りをする。すでに住まいも所持金もない人が多いので、そのような場合には数日分の宿泊費と生活費を渡し、後日、公的制度につなぐ手助けをする。多くの場合、生活保護申請となり、同行する。

「新型コロナ災害緊急アクション」では、20年4月から21年1月に至るまで、1700世帯以上に対応し、5000万円以上を給付してきた。が、SOSの声は減るどころか増えていくばかりだ。

そんな「野戦病院」のような日々が、もう一年近く続いている。もちろん、みんなボランティアだ。

本書は、そんなコロナ禍の2020年の記録である。

3月、「年越し派遣村前夜」のような空気になってきたなと思っているうちに状況はどんどん悪化し、4月7日には東京をはじめとした1都6府県に緊急事態宣言が発令された。ネットカフェも休業要請の対象となり、あらゆる仕事の現場が止まる中、住まいをなくし、所持金も尽きる人たちからのSOSが殺到し始めた。

人通りがまったくなくなった都内のターミナル駅には「ホームレスになりたて」と一目でわかる人たちが続出し、その中には若者や女性の姿も多くあった。ある駅近くの路上の一角は、カラフルなトランクやぬいぐるみや衣服が山と積まれた「女の子の部屋」のような光景になった。アパートやシェアハウスを追い出されたのだろう女性たちの私物が路上に置かれていたのだ。

コロナ禍を受け、国は特別定額給付金や持続化給付金を創設。それで「一息つけた」という声も聞いたが、夏頃にはそれもなくなり「万策尽きた」という相談が増えた。

秋になるといよいよ状況は深刻になり、10月、ひと月の自殺者数がとうとう2000人を超えた。

そうして迎えた年末。この国には、年越し派遣村をはるかに超えた貧困が広がっていた。

支援団体が開催した「年越し支援・コロナ被害相談村」には3日間で344人が訪れた。うち3割が所持金1000円以下で、45%がすでに住まいがない状態。一方、年越し派遣村の時は1%以下だった女性の割合は、344人中62人と18%にまで増えていた。ネットカフェ暮らしの女性、40代ロスジェネ（就職氷河期世代。2021年時点で30代後半から40代後半）女性、外国人の女性——。

3月から多くの相談を受けてきたが、その中には、10年以上ネットカフェ暮らしという人もいた。20歳頃から今まで、20年間をずっと製造業派遣の寮を転々とすることで生き延びてきたというロスジェネ男性にも何人か会った。「失われた30年」の生き証人のような人々、それでもギリギリ路上生活を回避してきた人々が、コロナで遂に野宿となったのだ。

それだけではない。ミュージシャンやアーティスト、演劇人たちからの苦悩の声も多く聞いた。


そうして、2021年がやってきた。

年明けそうそう、都内の炊き出しに並ぶ人は、過去最高を記録した。1月9日、池袋のTENOHASIの弁当配布に300人。1月16日、新宿都庁前の、「新宿ごはんプラス」と「もやい」(困窮者支援団体)共催の食品配布に240人、2月6日には283人。いずれもコロナ前の2倍以上の数字である。コロナ禍以降、炊き出しに並ぶ行列には、以前は見なかった女性たちの姿もちらほらと見える。ミニスカートの若い女性や、「上品な奥様」風の女性も並んでいる。

このまえがきを書いている今、新型コロナウイルスの新規感染者は2000人以上。こちらも「過去最多」を更新し続けている。

そんな中、コロナを理由に「命か、経済か」という二択がしきりに語られている。感染を抑えるか、感染が広がっても経済を回すかという二択ではなく、一日感染を押さえるため、休業手当などの補償をしっかりすればいいものを、なぜかその案は語られずにあえて極端な二択ばかりを突きつけられているようだ。

今、多くの人が不安の中にいる。

本書には、コロナ禍により貧困に陥った人たちが多く登場するが、同時に多くの「解決策」も示されている。

貧困問題をメインテーマとして15年。今ほど「この問題をテーマにしてきてよかった」と痛感したことはない。なぜなら私は、「この国で、どんなに経済的に困ってもなんとかする方法」を無数に知っているからだ。

そんな「死なない」ノウハウを、今、あなたに伝えたい。あなたが困っていなくても、あなたの大切な人が困っている時に、ぜひ教えてあげてほしい。

同時に、コロナ禍で、日々「助け合い」をしている人たちがいるということを、この世の中もそれほど捨てたもんじゃないということを、多くの人に知ってほしい。

本書が、コロナ禍のあなたのお役に立てたら、これほど嬉しいことはない。

もくじ

第3章 2020年・秋

第4章　2020年・冬　172

＊本書はウェブマガジン「マガジン9」(maga9.jp) の連載「雨宮処凛がゆく！」の2020～2021年の原稿の一部をまとめ、加筆、修正したものである。(更新日は各項の文末)。連載は現在も継続中。

第1章　2020年・春

❶ 新型コロナウイルス感染拡大で蘇る「派遣村前夜」の空気

なんだか「派遣村前夜」のような空気になってきた――。

そんな言葉を、生活相談や労働相談をしている支援者・活動家たちと交わすことが多くなった。

このままでは、経済的困窮による自殺者、ホームレスが続出するのではないか――。多くの人が、「当たって欲しくない最悪の予想」としてそう口にする。新型コロナウイルス感染拡大の混乱による失業や生活困窮が今、すごい勢いで広がっているからだ。

派遣村とは、08年末から09年明けまで日比谷公園で開催された「年越し派遣村」。その年の9月に起きたリーマンショックによって全国に派遣切りの嵐が吹き荒れ、当時、15万人の非正規労働者が職を失うと言われていた。景気の悪化によって職を失うのは非正規だけではない。少なくない自営業者やフリーランス、正社員もその余波を受けて困窮に陥っていた。

が、もっとも苦境に突き落とされたのは、やはり非正規の人々だろう。

08年の年末を前に、多くの人が職と住む場所を同時に失う事態になっていた。当時は寮に住む製造業派遣の人々の首切りがすごい勢いで進んでいた頃。この年の12月4日、日比谷公園で開催された集会には解雇されたばかりの派遣労働者が登壇し、切々と訴えた。

「僕たちにも2009年を迎えさせてください」

「寮から追い出さないでください」

その中には、「どうかホームレスにしないでください」と言葉を詰まらせた男性もいた。自動車関連工場で契約途中で仕事を切られた50代の男性だった（『派遣村　国を動かした6日目』年越し派遣村実行委員会・編　毎日新聞社）。

12月になってから年末での解雇を言い渡され、同時に住んでいる寮も出ていけと言われた人々が大勢いたのだ。帰る場所のない人にとって、それは正月を目前に「ホームレス化する」ことを意味していた。

寮費や光熱費などを差し引かれる製造業派遣ではなかなか貯金もできない。しかも働く人の多くが県外から愛知県などの工場に働きに来ている状態。地元に帰るお金があればいいが、それさえない人もいる。また、家族関係が複雑だったり「実家も貧困」などの事情から帰りたくても帰れない人もいた。年末年始を前に、相当数の人が寒空の下、路頭に迷うことが予想されたのだ。役所の閉まる年末年始、放置されれば餓死、凍死者が出る可能性もある。そのような事情から、貧困問題に取り組む活動家や労働組合によって「年越し派遣村」が開催されたのである。

12月31日から1月5日まで開催された派遣村には、住む場所も職も所持金も失った500人以上の人々が訪れ、寒空のテントでともに年を越した。その様子は連日メディアで報道され、正月を家族で過ごす日本中の人々はその光景に衝撃を受けた。この国の貧困が「可視化」された瞬間だった。派遣村には6日間で1600人を超えるボランティアが集まり、5500万円を超える寄付金が集まった。私も現場に何度も足を運んだが、そこはまるで野戦病院のようだった。

体調が悪く、倒れこむようにして辿りついた人。自殺しようとしていて警察に保護されて派遣村に来た人。長らく車上生活を続けてきた人。建築の仕事をしていて給料を持ち逃げされた人。会社が潰れて給料未払いとなり路上生活になっていた人。ネットカフェ生活をしながらアルバイトを転々としていた若者。派遣村のニュースを見て何日もかけて歩いてきた人。

私は直接会ってはいないが、08年6月に秋葉原で無差別殺人事件を起こした加藤智大の元同僚もいたという。リーマンショックの3ヶ月前、あの事件を起こしていなければ、加藤智大も派遣切りに遭って「若いホームレス」として派遣村に来ていたのかもしれないな、と思ったことを覚えている。青森に実家のあった彼も、静岡の関東自動車工業で寮生活をしながら働く派遣労働者の一人だった。

「でも、もともと寮生活してたんだったら、寮に入る前に住んでたとこに帰ればいいじゃん」
そんな素朴な疑問を口にする人もいるだろう。もちろん、派遣切りに遭い、寮を追い出された人の多くがそうしていた。が、そうできない人は必ず一定数、いるのだ。現場で日々当時者と接していた人は、それは「だいたい4人に1人くらいではないか」と口にした。例えば、寮を追い出されても、4人に3人は実家に帰る、友人宅に居候するなどしている。が、残り4分の1が、そういった「困った時に頼れる人間関係（家族も含む）」を失っているのだ。
そんな派遣村から、12年。コロナ禍の現在の状況は、製造業派遣が中心だったあの当時から職種を大幅に広げて人々の生活を脅かしている。当時と共通するのは、やはり非正規が大打撃を受けているということだ。
たとえば3月7日と6日に開催された、「全国ユニオン」の「同一労働同一賃金ホットライン～新型コロナウイルス対策の雇用形態間格差を是正しよう！～」には、深刻な相談が寄せられた。その数、120件以上。相談の電話をかけてきたほとんどが正社員以外だ。以下、いくつかの声を紹介しよう。
「離婚して昨年11月から働いている。やっと慣れてきたが、雇い止めを通告され、寮も出るよう言われ困っている」（派遣　女性　ホテル）
「新型コロナの影響でツアーが相次いで中止。仕事がなくなり、生活ができない」（派遣　添乗）
「仕事を減らされ、3月末で雇い止めと言われた」（契約社員　男性）

「職場（派遣先）に濃厚接触者が出た。本人（相談者）は微熱が続いているので医師からは休むように言われている。派遣先からは37・5度以上でなければ出社しろと言っている。どうしたらいい？」（派遣　女性）

「正社員はテレワークになったが、派遣は通常通りの出社しか認められない」（派遣　女性）

「正社員は特別休暇で有給で休みにするが、パートはないと言われた。パートが説明を求めたら『それ以上説明することはない』と言われた。娘が2月28日から休校になっている。このまま無給が続くと生活が苦しい」（パート　女性　社会福祉施設）

「3月2日から休みになった。補償がどうなるのか説明がない」（パート　女性　テーマパーク）

「ある競技の警備をすることになっていたが、無観客になったので仕事もなくなった。賃金はどうしたらいいか」（経営者　男性　警備業）

「新型コロナの影響で学校給食が中止になった。補償はあるのか」（公務非正規　女性　学校給食）

「3月のスケジュールは決まっていたのに、新型コロナの影響で2日間しか出勤できていない。補償はされるのか」（アルバイト　男性　ホテル）

どれもこれも、切実な悲鳴が聞こえてくるような相談だ。しかも派遣村の時と違って職種はあまりにも多岐に渡っている。ホテルや観光業が多いのも特徴だ。正社員は出社しないのに派遣だけが出社するよう言われる、などの雇用による差別も目立つ（詳しい結果は「全国ユニオン」のサイトで見られるのでぜひ）。

これが自営業向けのホットラインだったら、飲食店やライヴハウス、カラオケ店、スポーツジムなどから「一体どうすればいいのか」という悲痛な声が聞こえているだろう。

これらの相談を受け、全国ユニオンは19日、厚労省に対策を要請。雇い止めとなった人への支援体制を早急に整備することや、休業手当を払わない企業へ指導を徹底することなどを求めている。

一方、3月15日に緊急生活保護ホットラインを開催した「ホームレス総合相談ネットワーク」は120件の電話相談を受けた。

「観光バスの運転手の仕事を解雇された。所持金は2万円で、失業保険だけでは生活できない」「歩合制でサウナで体をほぐす仕事をしているがサウナが休業し、収入が途絶えた。五千円しかない」などの訴えがあったという（朝日新聞2020年3月17日）。

また、住宅ローンを払っている世帯からの切実な声も寄せられたという。それらの声を受け、「ホームレス総合相談ネットワーク」は、その翌日に安倍首相などに要望書を提出。

生活資金がなくなった世帯に対し、生活保護法の「急迫した事由がある場合」に該当するものとして認め、すみやかに保護を開始すること、また銀行等に対して、住宅ローン、自動車ローン、カードローンの支払猶予を行うよう要請することなどを求めている。

ちなみに生活保護は、収入のあてがなく、貯金もなく、全財産がだいたい6万円以下だったら受けられると思ってもらえばいい。もちろん、働いていても受けられる。例えば月の収入が8万円など生活保護基準以下であれば、足りない分の給付を受けられるのだ。この場合、単身世帯であればだいたい5万円ほどが支給されるので、合わせて13万円くらいにはなる。生活保護はそういう使い方もできるのだ。そうして収入が生活保護を上回れば、「卒業」すればいい。もちろん、自営業だろうがアーティストだろうが受けられる。年金をもらっていたとしても、国が定める最低生活費未満であれば足りない分が生活保護費として支給される。

が、持ち家や車など、「資産」があると受けられない場合もある。生活保護を利用する前に、それらを売ってお金に変えて生活費にしてくださいと言われるのだ。こういうことを「資産の活用」というのだが、「ホームレス総合相談ネットワーク」の要望書では、不動産や車を持っていても、貯金などすぐに活用できる資産がなく、手持ち現金が乏しい場合には「急迫した事由」があるものとして生活保護を開始すべき、と訴えている。

ちなみに持ち家でも処分した場合の価値がそれほど高くなければ、そのまま住み続けて生活保護を利用することができる。だいたい二千数百万円以下の物件であれば住み続けてOK。住宅ローンがあれば別だが、滞納していれば受けられるので「首都圏生活保護支援法律家ネットワーク」(https://seiho-lawyer.net/048-866-5040) などに相談してみよう(持ち家に住みながら、住宅扶助を除く生活扶助等の受給ができる。ただし、いずれ競売申立て等をされて立ち退きを求められるので、家は手放すことになる。退去時には、新住居の敷金や引越し代が転居費として保護費から出る)。車は通勤や通院に必要と認められれば持つことができる。よく「持ち家や車があると生活保護を受けられない」と言われるが、一律ダメというわけでは決してない。

特に今回のような緊急事態では、「家や車を売れ」と迫るのではなく、手持ちの現金がなければ生活保護を認めてしまうような運用が手っ取り早く救済につながるはずだ。数ヶ月の生活しのげればなんとかなる、という世帯も少なくないはずだ。一律に「持ち家を売れ」「車を売れ」と迫り、それらを売った金が尽きてからでないと生活保護を利用できないとなると、生活再建が大変すぎる。とにかく柔軟な運用を、と呼びかけたい。

年越し派遣村は、生活保護を集団申請することで住まいもない当事者の生活をまずは立て直した。住所がなければ職探しもできないし、所持金が尽きていては餓死してしまう。

あれから、12年。当時より非正規で働く人は増え、当時より雇用が不安定化し、当時より家族福祉が脆弱化し、当時より貯蓄ゼロ世帯が増えたこの国で、新型コロナウイルスによる混乱が人々を追い詰めている。

ちなみに感染拡大初期、新型コロナウイルスに感染した人の中で、本業の仕事をしながらコンビニやマックで副業をしていた人がいたことを覚えている人は多いだろう。副業しないと食べていけない。そんな現実も、貧困がじわじわと深刻化した今を象徴しているようだ。しかし、副業していた60代会社員の男性は、それがばれることを恐れて保健所に隠していた。60代の会社員男性であってもこっそりアルバイトしなければならない現実は今、この国のあちこちにある。

それを証明するのが、貯蓄ゼロ世帯の数字だ。18年の貯蓄ゼロ世帯は、20代単身で45・4％、30代単身で39・7％、40代単身で42・6％、50代単身で39・5％、60代単身で26・7％。すべて単身世帯の数字だが、平時であってもこれだけの貯蓄ゼロ世帯が、今、持ちこたえられるとはとても思えない。とにかく今生かすべきは、派遣村の時の教訓である。

そんな思いからあの時の記憶を呼び起こすと、様々な光景が浮かぶ。

例えば派遣村には、派遣切りで職を失った以外の困窮者も多くやって来た。身体障害、知的障害、精神障害の人も少なくない数、訪れた。施設から逃げてきたという若い人もいた。これほど多様な人々が困り果てて、年末の公園の吹きっさらしのテントで年を越すためにやって来るのか……。派遣村実行委員会が想定もしていなかった人々も続々と訪れることに、多くの「気づき」があった。表には出なかったが、中にはもちろん女性もいた。

また、当時派遣切りされた中には愛知県などの工場で働く日系ブラジル人も多くいた。それだけではない。直接「派遣切り」と関係ない形でも、リーマンショックによる不況で全国で失業者や困窮者、ネットカフェ難民が激増した。

今回のような形で経済が打撃を受けると、もともと「条件があまり良くない人」「手持ちのカードが少ない人」の生活から一気に崩れてしまう。コロナと関係あるようには見えなくても、多くの人が連鎖的に困窮する。もっとも弱い立場にいる人に皺寄せがいくようになってしまっているのだ。

だからこそ、困ったら早めに役所に相談してほしい。

(2020/3/25 更新　https://maga9.jp/200325-1)

❷家賃、ローン、学費…。庶民の生活を知らない人が決定権を握っている悲劇

新型コロナウイルス感染拡大による経済危機の真っ只中で、政策決定の場に「上級国民」しかいないことの弊害が日々、露呈している。

「自粛と給付はセットだろ」というハッシュタグが示すように、自粛を呼びかけながらも、それに伴う「経済的損失の補償」の話がなかなか出てこないからだ。

3月30日、やっと「10兆円を上回る給付」という話が出てきたが、詳細はまだわからないし、そもそも遅すぎる対応だ。イベント自粛にしてもしかり。休校にしてもしかり。外出自粛にしてもしかり。最初から「補償」とセットで発表されるべきなのになぜかそこはすっ飛ばされ、よりによって「お肉券」とか「お魚券」とかの素っ頓狂なものが飛び出してくる。このままでは、経済的困窮による死者が出るのは時間の問題に思えてくる。

ご存じの通り、小池百合子都知事は3月25日に外出自粛を要請。27日には大阪府と岐阜県が不要不急の外出を控えるよう求め、愛知、福島県は首都圏への行き来を控えるよう呼びかけた。そうして現在、桜が満開のお花見シーズンなわけだが、花見の自粛までもが呼びかけられ、桜並木が通行禁止になったりベンチが使用禁止になったりしている。さらに30日には小池都知事よりライヴハウスやバー、ナイトクラブなどに行かないよう呼びかけがあった。このような「自粛」要

請を受け、ただでさえ瀕死のライヴハウスやカラオケ、飲食店などは大打撃を受けるわけだが、補償はセットで語られない。

彼ら彼女らはおそらく、この国に住む人の少なくない層が、「収入がなくても数ヶ月持ちこたえられるような貯蓄などない」状況にあることを知らない。「今月シフトを減らされると月末に家賃が払えない」なんて生活をしたことも当然ない。もちろん、人生において満員電車などとも無縁だ。

３月23日、参議院予算委員会で「（新型コロナウイルス対策において）通勤電車について、もっと踏み込んだ対策を行うべきではないか」と質問された加藤勝信厚生労働大臣は、「私は、通勤電車乗っていないんでわかりませんが」と回答。

貴族なの？　石油王なの？　と心の中でツッコミを入れたのは言うまでもないが、これにはやはり「それで満員電車が大丈夫とか言ってるのかよ」と大きな批判の声があちこちから上がった。ちなみに発言はこの後、「聞く限りでは一定程度、通勤電車は空いているという話を聞くこともあります」と述べている。「聞く限りでは」って、此の期に及んで視察もしていないのかと驚いた。今からでもいいから、加藤大臣には明日にでも朝の満員電車にぜひ乗ってほしい。

加藤大臣に限らず、今、この国の政策決定の場にいる人は、当然だが満員電車など乗らず（人によっては乗った経験もなく）、運転手付きの高級車で出勤している。常にＶＩＰ待遇をされる人々は、庶民との接点などない。それどころか、生まれた時から上級国民という二世議員、三世議員が多くいる。銀行の残高など気にしたことがなく、ガス代と電気代、どちらを払うか、どちらが止まる方がまだマシかに頭を悩ませたことなどない人たちが、私たちの生活に関わる決定権を握っている。

そんな庶民の実態は、コロナウイルス感染拡大のずっと前から、厳しい。

たとえば18年の国民生活基礎調査によると、「生活が苦しい」世帯は57・7%。子どもがいる世帯では62・1%。また、預貯金などの金融資産を保有していない二人以上の世帯は17年時点で31・2%（家計の金融行動に関する世論調査平成29年）。これらのことからわかるのは、3月末の家賃が払えず路上に出てくる層は確実に一定程度いるということだ。

そうして世界を見渡すと、庶民の「不安」に応える対策がとられていることに気づかされる。

イギリスは、平均所得の8割を政府が直接給付することとなった。約32万円が上限だというが、自営業者、フリーランスも当然その対象である。

カナダでは、仕事や収入を失った人に毎月2000カナダドル（約15万円）を最大4ヶ月にわたって支給することを決定。

ドイツでは、フリーランスを含む小規模事業者に最大約180万円の一時金が出るそうだ。また、4月から9月まで、コロナ経済危機によって家賃を滞納しても、大家さんは退去させてはいけないという決まりができたそうだ。

そうして韓国では、高所得世帯を除く7割の世帯に、一世帯あたり9万円が支給されることが決まった。

また、現在この国のライヴハウスとアーティストはとてつもない苦境に立たされているが、ドイツの文化メディア担当相は3月11日、文化施設と芸術家の支援を決定。「芸術・文化・メディア産業におけるフリーランスおよび中小の事業者に対する無制限の支援」を約束した。

「私たちは彼らを見捨てはしません」

大臣が発したメッセージは、アーティストたちをどれほど勇気づけただろう。

かたや日本では、ライヴハウスが名指しされ、続々とライヴが中止になっているものの、国による補償の話はまったく不透明。ドイツでは小規模の文化施設とアーティストたちが深刻な状況に陥っていることを「理解しています」と大臣が述べるのに、この国のライヴハウスやアーティストはなんだか「悪者扱い」までされているような空気がある。

一方、ロンドン市長は新型コロナウイルス対策のため、ホテル300室を路上生活者に解放した。

ロンドン市内では毎晩1100人が野宿しているそうだが、それでは日本ではどうなのだろうか？　この10年ほどを見ても、ホームレス数そのものは減っているが、例えば都の調査では、住む場所がなくネットカフェなどに泊まる「ネットカフェ難民」が都内だけで1日あたり4000人もいることがわかっている。新型コロナウイルスによる経済危機により、こうした中からすでに路上に出ている人は多くいるだろう。そうして今月末の家賃が払えず、一定数がネットカフェに辿り着くことが予想される。が、狭い空間に人が密集するネットカフェでは、あっという間に感染が広がる可能性もある。今、このようなことを放置すれば、それは「集団感染」という形で社会を脅かすことにもなるのだ。

このような状況を受け、「住まいの貧困に取り組むネットワーク」では、「すべての家主、不動産業者、家賃保証会社への緊急アピール〜家賃滞納者への立ち退き要求を止め、共に公的支援を求めましょう〜」を発表した。

内容は、タイトルにある通り、滞納者に立ち退きを迫らないことがメインとなっている。が、中には家賃を払ってもらえないと困窮する家主も当然いる。そんな人に、立ち退かせるよりも、借主が公的支援を受けて再び家賃を払えるようにする方が近道と説いている。

確かに生活保護を利用すれば、家賃も「住宅扶助」として出るので、家主が損をすることはない。ちなみに生活保護を利用する際の「家賃の上限」は決まっていて、東京で単身だと5万3700円。これより家賃が高いと窓口で「家賃が高いからなー」などと、暗に「あなたは家賃が高いので生活保護を利用できませんよ」的なことを匂わせられたりする。

が、家賃が高くてもまったく問題ない。例えば家賃が5万6000円とか少しのオーバーだったら、家賃分を生活保護費の生活費から補填すればいい。上限よりかなり高い場合は引っ越しという手もある。「引っ越し代なんてない」という人も安心。生活保護ではちゃんと「転宅費用」が出る。が、これも役所ではなかなか教えてもらえないので、「転宅費ってものがちゃんとありますよね？　それを使って転居したいです」とはっきり述べよう。それでも無理だったら19ページの首都圏生活保護支援法律家ネットワークなどの支援団体に連絡を。

それ以外に住まいを失わない方法としては、「住居確保給付金」という制度もある。家賃を払えなくて住まいを失いそうな場合など、一定期間の家賃が給付される（上限あり）。

他にも「求職者支援制度」というのがある。職業訓練を受けながら月に10万円が支給される制度だ。使った人を結構知っているが、遅刻や欠席に厳しいので要注意。

また、社会福祉協議会の貸付金もある。

以上、紹介したものは、いろいろと条件があったりして自分がその対象になるかわからない場合も多いので役所の窓口で聞くといいだろう。

が、親切に教えてくれる役所もあるが、中にはそうでない場合もある。貧困問題に長く取り組み、現在は子ども食堂支援センター・むすびえ理事長である湯浅誠さんは以前、そのような役所の対応を「メニューを見せてくれないレストラン」というような言葉で表現していた。役所の中には、たくさんの素晴らしいメニューがあるのに決してそれを客には見せてくれない意地悪なレストランのようなところもあるのだ。「客」が一字一句メニューを間違えずに注文した場合のみ、「フッフッフ、お主、なかなかわかっておるな……」という感じでその料理を出してくれる（制度に繋げてくれる）という「道場か？」的な対応をするところが少なくないのだ。

ちなみに生活保護についても「申請に来ました」ではなく「相談に来ました」と言うと、話を聞いただけで「若いから頑張って働いてください」と追い返されることもままあり、このような対応を「水際作戦」という。極端だが、最悪、そういうところもあるということは覚えておいていいかもしれない。

なぜ、公的な窓口であり、そこで助けてもらわないと「死ぬ」確率が一番くらいに高い窓口なのに、このような対応がまかり通っているのか。もちろん、親切に対応してくれる自治体も多くあるが、こういう「自治体格差」みたいなものがおかしいと思うので十数年も声を上げ続けているというわけである。

さて、コロナ禍では、失業や内定切り、収入減によって奨学金の返済に困る人がこれから大勢出ることも予想される。これについては奨学金問題対策全国会議が緊急声明を出した。奨学金の借主、連帯保証人、保証人に対して最低一年以上の期間、返還期限を猶予することなどを求めている。

先日、奨学金問題対策全国会議の大内裕和さんと話す機会があったのだが、大内さんは奨学金だけでなく、この春、学費を払えない学生が多くいるのではないかを案じていた。前期の学費を納める春だけでない。経済危機がいつまで続くかわからない中、秋に支払う後期の学費が払えない家庭も多く出てくるだろう。

学生が、新型コロナウイルスによって学ぶ機会を失う可能性があるのだ。

そんなことから思い出すのは、90年代のバブル崩壊後のことだ。

高校卒業後、美大進学を目指していた私は二浪した果てに進学を諦め、94年、フリーターになったのだが、バイト先の同僚には、「バブル崩壊」の影響を受けた若者が多くいた。親がリストラされた。親の会社が倒産した。親の事業が失敗した。そんな理由によって大学や専門学校を途中で辞めた若者たちがバイト先にたくさんいたのだ。親の失業などにより、学費なんか払えない、学生なんかやってる場合じゃないとフリーターになった若者たち。私がフリーターだったのは94〜99年。当時、中高年のリストラやそれに伴う自殺、山一證券の破綻なんかは大きく報じられていたものの、バブル崩壊で大学や専門学校をやめ、フリーターとなっていた若者が注目されることはまったくなかった。

あれから、20年以上。

その少なくない層は、今も非正規のままである。彼ら彼女らが非正規のままなのは、「高卒」という学歴も関係しているのかもしれない。そう思うと、新型コロナウイルスによる親の所得減が原因で「大学をやめた」「専門学校をやめた」なんて若者がどうか出ないように、対策を切に望みたい。

さて、新型コロナウイルスによってオリンピックも延期となった。

3月26日、ある媒体の取材で、福島のJヴィレッジを訪れた。

聖火リレーが出発する予定だった場所であり、3・11後、原発事故収束作業の拠点となった場所だ。

そんなJヴィレッジの土産物売り場には、「オリンピックグッズ」が売られていた。例のキャラクターのイラストが書かれたクッキーやチョコレートだ。それを見ながら、「オリンピックに合わせて大量に五輪グッズを作った会社」もこれから多く倒産するかもしれないと思った。クッキーなど食べ物の賞味期限は来年までもたないだろう。いや、食べものじゃなくても、すべてのグッズには「2020」と銘打たれている。延期したところで来年のオリンピックには使えない。大量のグッズ在庫を抱えて困り果てている業者が今、きっとあちこちにいる。今年の夏にグッズを売るという計算がすべて狂ってしまったのだ。

新型コロナウイルスは、あらゆる領域に影響を及ぼしている。

だからこそ、諸外国がやっている大胆な現金給付や、家賃、住宅ローン、奨学金の免除・猶予などに踏み切ってほしい。

(2020/4/1 更新　https://maga9.jp/20200408-1/)

❸給付を、補償を、住まいの対策を！ 安倍政権の優先順位が謎すぎる

「2008年9月にリーマン・ブラザーズが破綻して、炊き出しに並ぶ人が1・5倍に増えたの

が11月でした。約2ヶ月のタイムラグがあって、その年の年末には派遣村がありました」

4月3日、池袋で路上生活者支援を続けるTENOHASIの清野賢司《せいのけんじ》さんは、東京都庁での記者会見で言った。この日、ホームレス支援をする6団体が連名で都に対し「新型コロナウイルス感染拡大に伴う路上ホームレス化の可能性が高い生活困窮者への支援強化についての緊急要望書」を提出したのだ。

コロナ不況を受け、多くの人が突然の困窮に晒されている。

この日、申し入れに参加した「ホームレス総合相談ネットワーク」の後閑一博《ごかんかずひろ》さんは、「不安定、非正規雇用で今までギリギリなんとか生活してた人が、ちょっと仕事が停滞することで一気に所持金が5000円、1~2万円しかない状態に陥っている」と電話相談の結果を報告した。このまま対策しなければ、そのような層が続々とホームレス化することは目に見えている。

不安要素はそれだけではない。例えば都市がロックダウンされたらネットカフェも閉鎖することになるかもしれない。4000人の「ネットカフェ難民」が路上生活になってしまうのだ。実際、アメリカではホームレスの施設が閉鎖されたことにより、多くの人が駐車場での野宿を余儀なくされている。

一度野宿生活になってしまうと、様々な困難が立ちはだかる。現在、首都圏ではホームレス状態の人が生活保護申請をすると、まずは「無料低額宿泊所」に入れられることが多い。そんな「無低」の多くは相部屋や大部屋。感染リスクが非常に高い。

「先日も、60代の男性が『生活保護を受けたいけれど、役所で紹介される10人部屋の施設はおっかない』と。だから生活保護申請を諦めるということでした」

困窮者支援を続けてきたつくろい東京ファンドの稲葉剛さんが最近の夜回りで聞いた声を紹介する。

本来であれば、ホームレス状態であっても生活保護を申請すれば施設を経由せずにアパートに入ることは可能だ。敷金などの初期費用は生活保護から出るからだ。

「ところが首都圏の多くの福祉事務所は、『まずは無料低額宿泊所に入ってください』と。それも根拠なく、『最低でも3ヶ月程度は入ってください』という運用をしてきた。それが今まさに深刻な問題になっている」と稲葉さん。

もともと、無料低額宿泊所の問題は「貧困ビジネス」として批判されてきた。劣悪な施設が多いからだ。生活保護費を家賃や生活費などでほとんど取り上げ、本人にあてがわれるのは二畳ほどのベニヤ板で仕切っただけの窓もない狭い部屋だったり、二段ベッドが並ぶ相部屋だったり、六畳の部屋に知らない人と2人で押し込まれたり。人との距離から言っても換気の面から言っても、集団感染する条件が揃っているような場所だ。「だったら路上の方がマシ」という気持ちもよくわかる。

この無料低額宿泊所、長年の「規制を」という運動側の声が厚労省を動かし、この4月からやっと規制が始まった。が、3年間の猶予措置がある。もっと早く規制が進んで「個室化」が進んでいれば……。平時に市民運動を進めて様々な制度をより良くしておくことの重要性を、非常時に痛感している次第である。

「今後は生活保護を申請したら、まずは個室を確保して、すぐにアパートに移れるように支援すべきです」と稲葉さん。

「とにかくホームレスになってしまいそうな方、なってしまった方を支援につなげることが重要です」と語るのは、この申し入れの呼びかけ人である北畠《きたばたけ》拓也《たくや》さん。

このような状況に対して、海外では様々な対応がとられている。

ロンドン市長がホームレスのためにホテルを３００室開放したことは前述した通りだが、同様の措置はパリやカリフォルニアでもとられている。

また、ドイツではコロナ経済危機を受けて、生活保護が受けやすくなった。

日本と同様、資産があるかないかの調査があるのだが、「大きな資産はない」と言うだけで、半年間は資産調査がなく生活保護を利用できるのだ。

翻って日本には、生活保護には偏見があるだけでなく、「扶養照会」というハードルもある。親や兄弟に役所から「あなたの家族が生活保護の申請に来てますが、金銭的に面倒みれませんか？」と確認の連絡が行くのだ。これがどうしても嫌だから生活保護を受けたくない、と頑なに断る人は少なくない。もちろん、ＤＶや虐待があるから連絡してほしくない、という場合は扶養照会なしで生活保護を利用することもできるので、その際は役所に「こういう事情なので絶対連絡しないで」と強く主張しよう。

稲葉さんは会見で改めて、「コロナ収束までの間だけでもいいから、資産を問わないとか、扶養照会をしないとか、思い切った対策が必要です」と述べた。そういった柔軟な運用で、確実に救える命がある。防げる自殺がある。

ということで、この日、6団体はこれから住まいを失う人、すでに失ってしまった人のため、ホテルや公共施設の個室を確保すること、積極的に生活保護や既存の制度につなげることなどを要望した。

この日、清野さんは言った。

「おそらくネットカフェでも宿泊所でも、集団感染始まってると思います。まだ（表に）出てないだけで」

想像したくないが、十分にあり得る話だと思う。

その翌日、新宿ごはんプラスともやいの相談会に参加した。

都庁前の路上で、お弁当の配布に並んでいたのは100人以上。若い人の姿もある。支援者に聞くと、他の炊き出しがなくなる中、3月に入ってから並ぶ人が増え、新しい人の姿もちらほら見えるとのこと。つまり、新たにホームレス状態になった人がじわじわと増えているのだ。

また、普段は生活相談を希望するのは数人らしいのだが、この日は10人以上が生活相談を希望していた。

コロナ経済危機は、こうして少しずつ路上の現場にも現れている。相談会に参加した中には、仕事がなくなってネットカフェに寝泊まりしているという若い層もいれば、生活保護は受けたくないと野宿をしていたものの、コロナ不況で仕事がまったくなくなり困り果てている人もいるということだった。それまでは知人などのツテで得られていた仕事が途切れたのだ。自粛が続き、経済活動が停滞すると真っ先に影響を受けるのはこういった層である。相談待ちをする中には、3月まで入院していたものの、退院してそのまま路上生活となったという60歳の男性もいた。脳梗塞の後遺症で身体が不自由で障害者手帳を持つその男性は、生活保護を考えているが、やはり施設に入るのが怖いということだった。大部屋の施設では感染するかもしれないからだ。

このような人たちを放置すれば、集団感染となって社会を脅かすことは目に見えている。

さて、4月3日、やっと現金給付についての案が発表された。その内容は、一定の水準まで所得が減少した世帯に限って、一世帯30万円を支給するというもの（のちに一律10万円の特別定額給付金に変更）。フリーランスを含む個人事業主には最大100万円の給付もあるそうだが、新型コロナウイルスの影響で収入が減っていることが条件で、それを証明する書類の提出が必要だという。

私は2月、3月の講演、イベントの中止などで収入が半減、4月もその見通しでコロナ収束の目処が立つまではおそらくずーっと半減が続くが、それを証明する書類はないと言っていい。講演やイベント出演に関して、契約書など一切交わしていないからだ。また、収束が見通せないことから講演やイベントの依頼自体がなくなっているわけだが、それを「コロナの影響による収入減」とはなかなか認めてくれないだろう。が、そうなると今後のライヴ予定が立たないミュージシャンなどはどうなるのだろう？

しかも、給付されるのは「減収後の収入が一定の基準を下回る」世帯のみ。収入が半減する中、必死で単発の原稿を書いたり「このテーマで書かせてほしい」と自ら売り込んでなんとか仕事を増やしているが、それらを頑張れば頑張るほど補償からは遠ざかる。

ちなみに収入が減る中、私は地味に出費が増えているのだが皆さんはどうだろうか？ 品薄のティッシュやトイレットペーパーは普段買っていた安いものが店頭から消え、単価の高いものしか店頭に出ないのでそれを買うしかない。スーパーやドラッグストアしか開かなくなったら様々な生活用品や猫のトイレシートなどはなかなか買えないかもと思い、見かけると買ったりする（買いだめではなく、一点のみ）。そういう細々した出費が増えていて、地味に家計を圧迫しているのだ。これが子育て世帯だと、休校により食費なども増えていると聞くし、テレワークだと光熱費が増える。

なぜ、安倍政権はここまで給付を渋るのか。他の国では休業補償や現金給付が当たり前なのに、なぜ自粛を要請するばかりで金銭的補償は後回し、もしくはやっても小規模なのか。本当に給付があるのか、あるとしたらいつ頃なのか、みんなの関心事はまさにその部分だというのに。

そこまで考えて、ふと思った。

もしかして安倍政権って、「正しい日本人」であればこの「国難」を我慢と忍耐で乗り越えられるとか、思ってないよね？ と。

一人一人の生活より、「国民一丸となってコロナに打ち勝って『さすがジャパン！』と世界から称賛される」ことを優先させたりしてないよね？ 「美しい国」の国民であれば、金だ給付だ休業補償だなどと、はしたない、さもしいことばかり要求するはずはない、そんなことを言うのは権利意識が肥大した一部の「こんな人たち」だとか、思ってないよね？ そもそも「政治に対して声を上げたり文句を言ったりするような奴らは日本人じゃない」とか、思ってないよね？

そう不安になってしまうほど、私は今の安倍政権の「優先順位」がさっぱりわからない。何を守ろうとしているのかが、恐ろしいほど見えてこない。

3月14日の記者会見で、コロナが収束したら「日本経済を再び確かな成長軌道へと戻」すなど、明々後日の方向の演説を誇らしげにブチかました時から嫌な予感がしていた。この人の目に、「今月払う家賃、今日の食費に困っている」大多数のこの国の人々の姿は、見えていないのかもしれない……。しかし、そこから軌道修正されている様子は残念ながらない。なんたってこのタイミングで出てきたのが「Go To イート」「Go To トラベル」というクーポン券だ。どうして誰も止めなかったの⁇

そんな安倍首相を、漫画家の田房永子さんが「新型コロナウイルス怯え日記」(https://note.

com/hahamora/n/n27886268bd4)で非常に的確に表現していた。以下、引用だ。

「2月半ばから『首相は無能』というフレーズがネット上にあふれ出していた。そう言っている人たちは『政府はこういう仕事をするべき』という当然の前提が私と同じタイプの人だと思う。だけど、無能とかそういうことではなくて、こっちは事務アシスタントとして雇ってるつもりの人が、職種、業種を間違えてアイドルとして採用されたと思ってオフィスで歌い踊っているみたいなレベルのことなんじゃないかと思う。首相が無能というより『首相は不在』だったと思うほうがしっくりくる」

コロナ以来、政権批判の声は日に日に大きくなっている。しかし、それでも安倍政権を支持し続けている人たちもいる。この国に生きる人の多くは真面目で我慢強く、お上を批判するなんて、という遠慮があることもわかっている。しかし、その我慢の結果がマスク2枚だったではないか。

一方で、私は知っている。「物言う人間」「声を上げる人間」を毛嫌いするのは、安倍首相だけではないことを。反貧困の活動を始めて15年間、私はずっとある光景を見てきた。

原発避難者が「すみません」と謝り、「ありがとうございます」と頭を下げながら「どうかこのような政策を」と言う分には人は優しいけれど、権利を主張した途端にバッシングの嵐に晒されるのを。ホームレス状態の人が頭を下げ、腰を低くしていれば同情的な世間が、生存や住まいを要求してデモなどしようものなら「ふざけるな」と手のひらを返すことを。

「謝り続けていれば施しくらいはあげてもいいけど、絶対〝権利〟なんて言わないでね」

そんな空気は、ずーっとこの国を覆っている。非常時の今、その空気は、私たちの首をぐいぐいと絞めている。そんな空気が当たり前だったから、この国だけ安心できるほどの給付や補償がないのかもしれない。だから、もっと普段から言っておくべきだったのだ。そんな空気、叩き壊しておくべきだったのだ。

今、いろんなことを悔やんでいる。そのひとつが、このことだ。

(2020/4/8 更新 https://maga9.jp/200415-1/)

❹「所持金13円」〜コロナ不況、ネットカフェ休業を受けてのSOS

「この雨の中、もし皆さんと会ってなかったらどうしてたんだろうって、ずっと考えてました」

東京で激しい雨が降った4月13日、吉田さん（仮名。30代男性）はそう言った。

この日、私は吉田さんの生活保護申請に同行していた。

吉田さんと出会ったのはその2日前の4月11日。緊急事態宣言が出され、ネットカフェなどへの休業要請が始まった日だ。その日、私は都庁前で開催された相談会に顔を出していた。生活に困窮した人々に食事を配り、生活相談などを受け付ける場だ。食料配布の行列には、１００人以上が並んでいた。

吉田さんとは、そこで会った。その日の朝、彼は支援団体に連絡をしたのだ。この時点で所持金は13円。住まいを失い、半年ほどネットカフェで暮らしていたものの、コロナの影響で日払いの派遣の仕事がなくなり、ネットカフェ代を捻出することも難しくなったということだった。相談会に来る電車賃もないので、都内の駅に支援者が迎えに行ってこの場に案内していた。

相談の結果、「TOKYOチャレンジネット」に行くことになった。東京都は4月10日、住まいを失う人たちなどにビジネスホテルを確保したと発表。その窓口がチャレンジネットなのだ。

その日の午後3時過ぎ、新宿・歌舞伎町の窓口に向かうと、すでに多くの人が相談に訪れていた。しばらく待合室で待つことになった。渡された番号札は70番台だったので、すでにそれだけの人が来ていたのだろう。順番を待っている間にも、次々と待合室に人が案内されてくる。みんな服装はまったく普通で、とても「家がない」なんて思えないような整った身なりの若い人たちだ。報道によると、この日チャレンジネットを訪れた人は100人ほどだったという。

15分ほど待つと吉田さんが呼び出され、相談ブースへ。支援者として同席したかったが、チャレンジネットの人に断られたので断念。結果的に、この日と翌日、吉田さんはビジネスホテルに泊まることができた。食事も弁当が出た。相談では、ふたつの道を示されたという。
1、収入がある人向け。今日と明日はビジネスホテルに泊まり、週明けの月曜日に都(?)が借り上げているアパートに移り、働きながらお金を貯めて自力でアパートに移る。
2、今日と明日、ビジネスホテルに泊まって、月曜日にそれまでいた区で生活保護申請をする。

コロナ禍で仕事がない中、吉田さんは2を選んだわけだが、月曜日にそれまでいた北区で生活保護申請ができたとして、問題はその日からの宿泊だ。一番いいのはアパートが決まるまでビジネスホテルに泊まれることだが（敷金や引っ越し代などは生活保護から転宅費として出る）、吉田さんは月曜朝にホテルを出ることになっている。ということは、北区で生活保護申請をする際に、「今日からアパートに入るまで、ビジネスホテルに泊まらせてください」と交渉しなければならない。前述の通り、首都圏では生活保護申請をするとアパートに移るまで、場合によっては何ヶ月も何年も相部屋・大部屋の施設（無料低額宿泊所など）に入れられてしまうことが多いからだ。まさに「3密」の条件が揃ったような場所である。せっかくギリギリで路上生活を免れたのに、制度につながることによってコロナに感染してしまっては元も子もない。

ということで、いろんな人に電話してどう交渉すべきか情報収集に励んだ。が、周りの支援者たちも情報収集の真っ最中である。その上、私の知る支援者たちはコロナ不況とネットカフェ休業を受け相談者の対応でパンク状態だ。詳しい人に「困ったら電話するから」とバックアップ体制を作っていざ、出陣!!

獲得目標は、とにかく生活保護を申請し、その日から緊急事態宣言が出ている5月6日まで、ビジネスホテルに滞在することである。そして6日までにアパートを探してそこに移る。そうすればもっともスムーズに生活を立て直せる。住所があれば仕事だって見つかりやすい。コロナが収束すれば、仕事だって増えるだろう。彼が働いていた派遣の現場(冷凍食品の工場)ではコロナで仕事が減った影響で人が殺到し、入れなくなったということだった。4月はじめに働いたきり、次に入れるのは4月なかばすぎとなってしまったのだ。前のように仕事が入れば、稼ぎが生活保護基準を上回ったところで生活保護を廃止すればいい。とにかく絶対に大部屋・相部屋の施設には入れられないようにしなければ。

午前11時、決死の覚悟で吉田さんとともに北区の区役所を訪れた。結果から言うと、満額回答だった。役所の人によると、今朝、都から通知が来て、北区の70室のビジネスホテルがリストアップされていたという。ネットカフェ休業で行き場を失った人たちをそこに案内するように、という内容の通知だったらしい。私たちが行った時点でネットカフェからの相談者はすでに4人来ていて、女性もいるということだった。面談で現在の所持金がないこと、住む場所もないことなどの聞き取りがあり、生活保護を申請。その間に、今日から滞在できるホテルも決まった。

昼休憩を挟み、午後は担当となった職員から生活保護制度の説明を受け、5000円を生活保護費から前借りする。所持金が尽きている場合、その日からの食費もないので保護の決定前でもこのようにお金が出るのだ。が、5000円は数日で尽きる。それ以上のお金を出すには決済に2、3日かかるため、また16日にお金が支給されることが決まった。あとは正式に生活保護が決定されるのを待つわけだが（最大2週間程度）、その間に、アパート探しを進めておくよう言われた。基準の5万3700円以下の家賃で物件を見つけ、不動産屋で見積書をもらうのだ。敷金など込みで転宅費の範囲内と認められれば、すぐにアパートに入居できる、という段取りだ。

午前10時、池袋のホテルに吉田さんを迎えに行って、11時に役所の窓口を訪れ、午後2時にはすべてが終わっていた。吉田さんには「緊急宿泊所利用票」が渡される。これがホテルに無料で泊まるための「チケット」だ。

半年にわたるネットカフェ生活は、こうして終わった。吉田さんは以前も一人で役所を訪れていたという。が、その時はネットカフェで暮らしながら仕事して自力でなんとかしてください、という対応だったそうだ。そう言われて、絶望したという。が、この日、彼の生活はメキメキと音を立てて再建されていった。

「ボランティアとかしてる人って、すごいなーって思ってるだけだったけど、皆さんに会って、自分も何か恩返ししたいと思いました」

吉田さんは何度もそう口にした。そして「本当にほっとしました」と笑った。

本当に、本当に良かった。

だけど情報がなく、支援につながれないまま、一人で途方に暮れている人が多くいる。また、東京都ではビジネスホテルが提供されたものの、神奈川や埼玉では「ネットカフェ難民」の人たち向けに提供された場所が大部屋で、感染が心配される。

とにかく、困っている人が適切な支援につながれますように。そして今回の吉田さんの支援では、本当にたくさんの方に協力して頂いた。本当に本当に、ありがとうございました!!

(2020/4/15更新 https://maga9.jp/200415-1/)

❺いのちとくらしを守るなんでも相談会 ~全国から上がる悲鳴

受話器を置いた瞬間、呼び出し音が鳴り響く。会場にいる間中、ずーっとその繰り返しだった。それはコロナ経済危機を受けて開催された「コロナ災害を乗り越える　いのちとくらしを守るなんでも相談会~住まい・生活保護・労働・借金etc.~」の電話対応の場でのこと。

今、新型コロナ感染拡大によって収入が減少し、生活資金が尽きる事態が全国で起きている。それだけではない。コロナによる営業不振を理由に雇い止めされた、家賃が払えない、さまざまな支払いができない、使える制度を教えてほしいなど、多くの悲鳴が上がっている。

そんな人たちの不安に応えるため、4月18、19日の午前10~午後10時まで、大阪や東京など全国にいる相談員が電話を受けたのだ。2日間で、全国から5009件の相談が寄せられた。これは相談員が電話をとれた数だけで、実際はその何倍、何十倍の電話がかかっていたはずだ。電話をとった瞬間、「やっと繋がった！」と言われることもあった。

このホットラインで2日間、短時間だが相談員をした（感染防止のため、相談員は短時間の入れ替わり制が推進されていた）。相談員をつとめたのは、全国の弁護士、司法書士、労働組合、諸団体。全国25都道府県に会場が設置され、125回線で対応した。このホットラインに参加した相談員はのべ598人。もちろん全員がボランティアだ。

電話に出て、さまざまな声を聞いた。どれもすぐに対応が必要なほどに深刻なものだった。また、相談してくる人があまりにも多岐にわたっていることに驚いた。

フリーランス、居酒屋店主、派遣などの非正規、アルバイト、正社員、生活保護を受ける人、無職などなど。電話を受けたケースについて、自分の知識では対応できないとわかると、事務所に待機している弁護士さんや司法書士さんに代わってもらった。

全体の集計を見ると、相談してきた中でもっとも多かったのは「無職」の1133件。ついで「自営業」582件、「業務請負・個人事業主」462件、「パート・アルバイト」317件、「正社員」216件、「派遣社員」139件、「契約社員」103件、「他」220件となっている。

相談の中で一番多かったのは、「生活費問題」で2723件、ついで「労働問題」で669件、そこから健康問題257件、住宅問題234件、債務問題139件と続く。

相談してきた人たちの月収を見ると、もっとも多いのは10万円以下で757件、ついで20万円以下291件。10万円以下で貯金もなければ、一刻も早く生活保護を利用した方がいいだろう。

私が電話を受けた中にも、すでに残金が2万円、あるいはほとんど0円という人もいた。

そんなホットラインに参加して改めて驚いたのは、窮地に立たされている自営業やフリーランスの多さだ。

特に痛感したのは、多くのフリーランスがなんの補償もないままに放り出されているということだ。例えばジムのインストラクターなどのフリーランスの人たちが、コロナ不況を受けてあっという間に仕事を失い、会社から「持続化給付金」というものがあるのでそれを使ったらというアドバイスを受けた、それについて教えてほしいと電話してきたケースも多かった。

持続化給付金とは、経産省が新型コロナウイルス感染拡大を受けて作った制度で、コロナによって売り上げが前年同月比で50％以上減っている中小企業やフリーランスを含む個人事業主などに支給されるお金だ。最大で法人には200万円、個人事業主には100万円支給される。

つまり、フリーランスを使っていた会社側は、本人に「こういうのがあるから自分で手続きして」とアドバイスするだけで放り出しているのだ。

本人も、フリーランスだから仕方ない、会社が親切に教えてくれたけれどどうやって使ったらいいのかわからないから電話している、と語るのだった。

話を聞きながら、フリーランスという立場の弱さにため息が出そうになった。同時に、リーマンショックや派遣村の教訓が全然生かされていない、と悲しくなった。

リーマンショックで大量の人が派遣切りされ、寮を追い出されて住む場所も失い一気にホームレス化してしまったことについて、私たち反貧困運動をする側は、ずーっと「働く人を保護する方向での法改正」を求めてさまざまな取り組みをしてきた。しかし、あれから12年。それは遅々として進まず、非正規で働く人は08年の1737万人から19年には2165万人へと、428万人も増えた。それだけではない。「働き方改革」の名の下に、副業・兼業が推進されてきただけでなく、フリーランスで働く人も増えたし、政府もそれを推進する方向で来た。内閣府の19年の推計によると、フリーランスで働く人は300万人以上。この12年間は、いわば、「ひとつの企業が責任を持たなくていい人」が増やされてきた年月でもあったのだ。

が、フリーランスが推進されてきたわりには、そのような形態で働く人たちの「保証」に関する制度はまったく作られてこなかった。それが今回のコロナ不況で、最悪の形で露呈してしまったのである。

コロナがいつ収束するかわからない中、100万円程度の持続化給付金は「ないよりマシ」程度で、多くのフリーランスにとってはおそらく「焼け石に水」だ。日々のランニングコストもかかる中で、持続化給付金がいつ、手元に来るのかもわからない。現在、役所の様々な融資の手続きに人が殺到しているが、役所の3割が感染予防のために在宅ワークを推進されている中、面談の予約が「5月、6月にならないととれない」なんて話もザラに聞く。その間に生活費が尽きる人も多く出るだろう。

フリーランスも自営業者も非正規も、そして多くの正規も、このままでは生活が破綻するのは時間の問題だと思う。貯蓄額によって多少の差はあれど、今現在、すでに貯金を切り崩して生活をしているという人は、生活保護制度を視野に入れておいた方がいい。今まで頑張って働いて税金を納めてきたのだ。こんな時の「安心」のために税金を払っているのだ。

さて、そんなふうに相談員として電話を受けた私も、前述したように2月から講演やイベントの中止で収入が半減しているフリーランスの一人である。そして収入半減がいつまで続くのかは闇の中。当初思っていたよりかなり長い間、収入半減で暮らすことになりそうだ。

しかし、私にはあまり不安はない。それは15年間、反貧困運動に関わってきたおかげで、「貧困」に対するノウハウがやたらとあるからだ。使える制度のことは一通り頭に入っているし、それでもわからなかったら周りの人に聞けばいい。私の周りには、生活保護をはじめとして、労働、債務、各種社会保障制度やそれにまつわる法律などなど各分野で日本一くらいの知識のプロが揃っているのである。これほど心強いことはない。

そんな安心感を、ぜひみんなにもお分けしたい。

この機会に、何がどうなっても生きていけるノウハウを、一人でも多くの人に習得してほしい。あなたが制度や支援団体に詳しくなれば、自分のみならず、周りの人を助けられる。そしてその知識を生かして、ゆくゆくはホットラインのボランティアなんかに参加してくれると、もっともっと多くの人を助けられる。

あとになって「コロナも悪いことばかりじゃなかった」と言い合えるような、そんな機会にできたらと、今、心から思っている。

とにかく、生存ノウハウを習得して、生き延びていこう。お金のことだったら、絶対になんとかなる。


（2020/4/22 更新 https://maga9.jp/200422-1/）

❻「コロナになってもならなくても死ぬ」～国へ緊急要望書提出

「生活はギリギリ。コロナになってもならなくても死ぬ」

「派遣でデパートで働いていたが、4月は1日しか仕事がなく、5月はすべてキャンセルになった」

「コロナウイルスに感染し入院していた。退院したが雇い止めになった。最後の給与が手取り7万しかなく支払いができない。昨日も食べてなく、栄養失調になる。お金がない」

「自宅の家賃も店舗の家賃も払えない」

「40年近くカラオケスナックを運営してきた。2月下旬から売り上げが急減し、4月は17日までの半月あまりで、月の売り上げが合計６０００円。自粛しろと言っても、私たちはもう生活できない」

相談事例には、そんな悲痛な叫びが綴られていた。4月18、19日に開催した「コロナ災害を乗り越える　いのちとくらしを守るなんでも相談会〜住まい・生活保護・労働・借金 etc. 〜」に寄せられた声だ。このホットラインのことは前項でも書いたが、寄せられた相談を受け、4月23日、国に対して緊急要望書を提出した。「国は、自営業者・フリーランス・働く人々の〝呻き声〟を聴け！」という要望書だ。

ここで求めているのは、とにかく一刻も早く、直接当事者に対して、自宅や店舗を維持確保し、生活を支えるための現金給付を、単発ではなく感染拡大が収束するまで継続的に行うこと。そして当面の生活を圧迫する納税や債務の弁済から一時的に解放することである。

2日間で寄せられた電話は、全国で5009件。が、フリーダイヤルには42万件のアクセスがあったことがわかった。ということは、電話をかけたうちの1・6％しか繋がらなかったということだ。共通したのは、「外出自粛・休業要請で仕事と収入が途絶え、今月又は来月の家賃（自宅・店舗）やローンが払えない。生活費も底をつく」という崖っぷちの状況だ。もっとも多かった相談は「生活費問題」で2723件。

自粛だけが要請され、補償がまったくなされないことの当然の帰結だろう。「自粛と給付はセットだろ」と多くの人がずーっと求め続けているのに、一向に事態は好転していない。遅い。とにかく何もかもが遅すぎる。

要望書では、生活保護を受ける際の要件の緩和や、住まいの確保、ローンなどの支払い猶予制度の創設、各種手続きの簡略化などが求められた。

それにしても、まとめられた相談事例を読んでいるだけで、リーマンショックとは比較にならないほどの規模の経済危機が起きていることがよくわかる。

例えば歯医者を経営している人からは、「コロナの関係で営業を継続できない。3人のパートには休業してもらい、10割の補償を出しているが、もう限界だ」という声が寄せられ、キャバクラで働く女性からは「5月6日まで休むよう指示された。歩合給で雇用されているが休業手当はもらっていない。転居先物件の入居費用を払ったばかりだが、収入がないと家賃さえ払えない」という悲鳴が寄せられる。経営者や夜の仕事の女性からの相談は、このようなホットラインではあまり受けたことがないはずだ。

フリーランス、個人事業者からの相談も多く、ピアニスト、理容店、美容院、マッサージ師、バー・スナック経営、居酒屋、音楽教室、喫茶店、個人タクシー、ヨガのインストラクター、通訳、カメラマンなどなどあらゆる業種が並ぶ。

また、住宅ローンを支払っているがローンが払えないという人からの相談も相当数あったという。

厚労省に要望書を提出した後、ホットラインのメンバーで記者会見をしたのだが、そこで法政大学の布川日佐史さんは、新型コロナ感染拡大を受けたドイツの対応を話してくれた。

ドイツではコロナ禍を受け、100万世帯以上が困るだろうことを予測し、生活保護費の申請そのものが非常に簡略化されたという。また、日本同様、申請時には大きな資産がないかの確認があるのだが、今は「私は大きな資産を持っていません」とチェックをするだけでOK。収入についても、「これから収入は見込めません」と書くくらいの手軽さで、とにかく早く、困っている人が漏れなく使えるような対応がされているという。しかも、大臣がわざわざ動画でドイツの人々に向かって生活保護の利用を訴えているというから驚く。その内容は、「手続きを簡単にしました。こういう手続きをしてください。申し訳ないけれど、手続きしてから2、3日かかってしまうので、それは我慢してほしい」等々。「悪いけど2、3日我慢して」って、全然我慢できるよ！　だってこっちはもう2ヶ月我慢してるのに、マスク2枚だよ？　しかも私にはそれも届いてないよ？

その上、ドイツの大臣は生活保護について、「恥ずかしさを持たずに権利として受けてください」と語りかけているのだという。ああ、本当にこの国に生まれてよかったな……。私がドイツ人だったら、心からそう思っているだろう。しかもドイツではコロナ対策で窓口が閉められているため、生活保護申請はウェブでもメールでも郵送でもできるというのだから本当に大違いだ。

日本の場合、いまだに生活保護申請は、役所の狭いブースの中、申請者と職員が向き合い、1時間以上締め切った場所で行われている。私も生活保護申請に同行したが、その時はテーブルを挟んでこちら側が申請する本人、私、区議会議員、あちらが職員一人と、4人で狭すぎるブースに1時間以上こもらざるを得なかった。思い切り「3密」が揃った場所である。こっちもたまったものではないが、役所の職員だって気の毒だ。ドイツのようにオンライン申請などで簡略化すれば職員も守れるのに、この国からは「人の命を守ろう」という気概がまったくと言っていいほど感じられない。そこがじわじわと辛く、不安がより募るのだ。

そんな中、この1週間ほどで少しだけ動いたのは、住まいを失いそうな人などに支給される「住居確保給付金」の条件が緩和されたこと。

これまでは、「離職・廃業から2年以内の人」のみが対象だったが、4月20日からは収入が減った人も対象になった。これでフリーランスや自営業者も使える可能性が出てきたのである。また、この給付金を受けるには、ハローワークに登録して求職活動をしなければならなかったが、30日からはさらに緩和され、求職申し込みが不要となった。これまでは自営業者やアーティストが行っても、「今の仕事をやめてハロワで仕事を探す」ことが求められたわけだが、やめなくても良くなったのだ。

対象は広がったことはいいことだが、今やこんな重箱の隅レベルの改訂をちょこちょこやったところでどうにかなる状況ではまったくない。とにかく、遅い!! 遅いし全部がチマチマしすぎている!! 今必要なのは、ドイツ並のスピード感と根こそぎ救う感に他ならない。

そんなことを考えていたところ、コロナで失職した男性が、空腹のためカップ麺などを盗んで逮捕されたというニュースが飛び込んできた。60代の派遣社員の男性は閉店後のスーパーに侵入してカップ麺や米、野菜などを盗んだのだという。

自粛と給付がセットにされないままにじわじわと経済的に追い詰めれば、当然、このような事件が起きるわけである。

一方、25日には、横浜市で不動産会社の女性が客の男に刺され、バッグや車を奪った疑いで男が逮捕されている。逮捕された24歳の男は、「新型コロナウイルスの影響で仕事がなくなり、生活に困っていた」「女性を殺害して現金を奪おうと思った」と供述しているという。刺された女性は、重体。

あまりにも痛ましい事件だ。が、今のような状況が長く続けばこの手の事件は増えていくだろう。経済的に逼迫した人を放置しておけば、どうしたって治安に反映してくる。今、スーパーは家族総出ではなく代表が一人で行くよう言われているが、「女一人じゃ物騒でスーパーなんか行けない」なんて時代になるのは、このコロナ禍の中でありえない話ではないと思うのだ。そういう意味からも、補償は絶対に必要なのだ。そこをケチれば、結果的に「治安対策」費が必要となり、コストが高くつくから言っているのだ。

と、なんだか絶望的な気分になってくるが、最後に、少し嬉しい報告。所持金13円だった吉田さんだが、無事生活保護が決定し、なんと5月頭頃にはアパート生活が始まりそうである。

緊急事態宣言によるネットカフェ閉鎖の中、生活保護につながることによって生活再建できた彼のような人がいる一方で、神奈川のネットカフェ生活者用の施設では、いまだに相部屋で食事も提供されず、簡易ベッドに毛布3枚という状態だそうだ。

どうか、必要な人に必要な支援が届きますように。そう祈りつつ、できることをやっていくしかない。


(2020/4/29 更新 https://maga9.jp/200429-1/)

❼ゴールデンウィークを挟み、より緊急度が高まるSOS

私は今、恐怖すら感じている。

ゴールデンウィークを挟んで、状況は一段、確実に悪化した。4月の時点では「家賃が払えない」「収入が減った」だった相談が、「野宿生活になった」「明日ホームレスになる」「もう何日も食べていない」に変わってきている。

家賃を滞納しながらも住まいがまだある層からの相談も深刻さを増している。

「パートの仕事がなくなり、残金は数千円。米と塩と漬物でしのいでいる。2、3万円でもいいから貸してくれるところを知らないか。或いは食料をもらえるところを教えてほしい」という声も届いている。

5月2、3日に開催された「新型コロナ関連　労働・生活相談」に寄せられた電話相談も、すぐに対応が必要なものが多かった。

フリーランスでエステ関係の仕事をしていた人は、すべての仕事が流れ、「持続化給付金」についての問い合わせをしてきた。

旅館やホテルにリネンをおさめる仕事をしていた自営業の人は、「もう廃業するしかないのか」と苦しげに言った。

自身が百貨店で派遣で働くという女性は4月はじめから仕事がなくなったものの、「派遣だから休業手当はない」と言われていた。夫はタクシー運転手、息子は派遣。家族3人、収入が激減し、住宅ローンも払えない、生活費にも事欠くということだった。また、10万円の給付金についての相談も多かった。

みんなが口を揃えて言ったのは、「給付金はいつ出るのか?」「いつ手元に届くのか」ということだった。一律の給付金もそうだが、フリーランスや自営業者に給付される持続化給付金についても、とにかく「いつ?」という質問が多かった。今週か、10日後か、今月中か、来月か。差し迫った様子の質問に、そのお金がいつ入金されるかによって、今後の生活の明暗が分かれるのだろうと気づいた。各種支払いが迫り、金策に走り回っているのだろう。4月のホットラインと比べて、「いつですか?」という声は苛立ち、悲鳴に近くなっていた。

一方、コロナ禍を受けて3月24日、貧困問題に取り組む10以上の団体で立ち上げられた「新型コロナ災害緊急アクション」にも深刻な声が寄せられている。4月に入ってから「相談フォーム」を立ち上げたのだが、連日のように「残金が残りわずか」「路上生活をなんとか回避したい」「ネットカフェが閉まって行き場がない」「何日も食べていない」「家にいるけど食べ物がなく、このままでは死んでしまう」などのSOSがひっきりなしに入っているのだ。

多くの人の残金は、数百円から数千円。「反貧困ネットワーク」事務局長の瀬戸大作さんをはじめとする支援者たちは連日のようにそんな人々のもとに駆けつけ、緊急宿泊費を渡して公的な支援、制度に繋げるなどしているのだが、生活困窮者支援の現場は3月からずーっと野戦病院のような状態で、民間がボランティアでできるキャパをとっくに超えている。

私は今、現場を駆けずり回っている支援者たちが心配で仕方ない。コロナ感染も心配だが、このままでは支援者から過労死が出てもおかしくないような状況だ。本来であれば行政がすべきことを、なぜ、民間団体がボランティアで身を粉にしてやらなければならないのか。

ただ、救いもある。このような生活困窮者支援に、大勢の地方議員が協力してくれていることだ。例えばもう残金もないなどの人が生活保護申請に行く時に、その区の区議会議員が同行してくれる、という形で連携のネットワークができているのだ。これは本当に心強い。所持金13円だった吉田さんの申請にも、北区の共産党の区議会議員が同行してくれたことにより、スムーズに進んだ。本来であれば一人で行っても適切な支援に繋がるべきだが、このように「生存を支える」地方議員のネットワークがコロナ禍をきっかけにできたことの意味は大きい。ちなみにこのネットワークは4月、「コロナ災害対策自治体議員の会」という名称になり、すでに200人強の自治体議員が参加している。

さて、そんな中、5月8日には「新型コロナ災害緊急アクション」のメンバーと東京都に申し入れをした。

緊急事態宣言によってネットカフェが休業となり、住まいのない人にビジネスホテルが提供されている東京都だが、ただ「入れっぱなし」の状態のようなのだ。

例えば緊急事態宣言延長を受け、当初5月7日チェックアウトだったホテル滞在は5月31日まで延長されたのだが、その情報すら知らされていない宿泊者が「明日出ないといけないのか」と民間の支援団体に5月6日に相談してくる、という事態が起きている。

それだけではない。誰が所持金いくらでどのような支援が必要かなどの相談体制も整備されておらず、1日3食弁当は出るものの、所持金は数百円なので求職活動もできないという声も届いている。

また、緊急事態宣言が終わったあとの状況もまったく見えてこない。働ける状況で仕事があったとしても、交通費さえない人もいる。携帯が止まっている人も多い。

必要な人は生活保護に繋ぐなどして「家のある生活」に戻って働いてもらうというのが理想だろう。が、生活保護を希望する人が様々な窓口をたらい回しにされているという現状もある。一方、債務相談が必要な人もいるだろうし、10万円の給付金を受け取るために住民票登録が必要な人もいる。とにかく、緊急事態宣言が開けたらまたネットカフェに戻る、というようなことだけは感染リスクの面からも、生活再建という面からも避けなければならない（どうしてもネットカフェがいい、という希望者は別として）。

5月6日時点で、都の用意したホテルに宿泊しているのは823人。これだけのネットカフェ生活者たちの支援体制をきちんと作ってほしい、自分たちも相談会をするのでホテルにいる人たちにチラシを配布してほしい、と申し入れたのだ。

都は「できることはできるし、できないことはできない」という答え。また、こちらで準備した相談会のチラシ配布はできないという。ならばぜひ、明日開催される「もやい」や「新宿ごはんプラス」でやっている相談会に来て、当事者の生の声を聞いてほしい、と「もやい」理事長の大西連さんが食い下がったが、当日、都の職員は来なかった。

翌日、私は現場に行ったが、140人を超える人々が食料配布と生活相談に訪れていて、「新顔」が増えているという印象。所持金800円で野宿をしているという男性の対応をした。

ちなみにこの日の夕方には池袋の公園で「TENOHASI」によって食料配布と生活相談が開催されたのだが、こちらには250人近くが集まっていた。コロナ以前と比較して、明らかに、路上の食料配布や生活相談に並ぶ人は増えている。1・5倍ほどにはなっているのではないだろうか。都内を歩いていても、「ホームレス状態になりたて」とわかる人が目に見えて増えている。

東京以外の状況も厳しい。

ネットカフェ生活者に神奈川武道館が提供された神奈川では、すでに5月7日で宿泊の提供は終了。相部屋で食事は出ない、現金給付もないという悪条件だったが、最大時で1日に76人が利用。女性も1、2割程度いたようだ。「食事提供もなければ残金わずかの人は弱っていくばかりで、支援団体も入れてくれなければ最悪、餓死者が出てしまうのでは」と心配されていたが、その後、宿泊者がどこに行ったのかが心配だ。神奈川県は利用した人々の「受け入れ先が整った」と言っているが、現場の支援者の声を伝え聞く限りでは、まったくそんなことはない。

なぜ、しかるべき公的な支援に繋がずに放り出してしまうのか。コロナさえ収束すれば、彼ら彼女らは働き、納税者となれるのだ。が、今放置すれば、コロナに感染するリスクも高い。感染しなくとも、家がなければなかなか安定した仕事につけず、仕事が途切れた瞬間に路上だ。路上生活は、人を心身ともに深く傷つける。そんな傷を癒すには、長い時間がかかる。だからこそ、傷が浅いうちに支援し、働ける人は労働市場に戻って活躍してもらえばいいのだ。そこをケチると、働けない人が増えていくばかりで結果的には財政を圧迫することは目に見えているではないか。貧困の現場を15年見ていてつくづく思うのは、「目先の金をケチることで貴重な人材をみすみす潰している」ということだ。

そんなことを思うのは、所持金13円だった吉田さんが、ビジネスホテルを出て、5月はじめからアパート生活を始めたからだ。4月13日に生活保護申請をして3週間ちょっと。大型連休を挟んだというのに、マトモに福祉が機能すれば、コロナ禍を「チャンス」としてこうして一気に生活を立て直すことができるのだ。このような「成功例」もあるからこそ、他の人々がマトモな支援に辿り着けないような意地悪なシステムに憤るのだ。

しかし、希望もある。新型コロナウイルスによる経済危機を受けて急遽立ち上げられた「緊急ささえあい基金」https://corona-kinkyu-action.com/sasaeai/ に、多くの寄付が寄せられているのだ。立ち上げからわずか1ヶ月ほどだというのに、その額は２５００万円以上。このお金は、所持金が尽きた人々の緊急宿泊費や当面の生活費などになっている。支援活動は、多くの人の善意によって支えられている。

コロナ禍を契機に、この国が少しでも「自己責任社会」から「助け合い社会」に変わればいいのに。それが今の、一番の願いだ。

(2020/5/13 更新　https://maga9.jp/200513-4/)

❽ 個人加盟の労働組合で休業手当を勝ち取る ～立ち上がるインストラクターたち

「今すぐお金がもらえないならここで死んでやる」

5月13日、千葉県松戸市役所を訪れた男（39歳）はそう言って包丁を自身に向けたという。

「お金」とは、1人10万円の給付金。男は市の特別定額給付金担当室で「3、4日食べていない」と主張。職員が「順番に支払っている。今すぐお渡しはできない」と言うと、冒頭の言葉を吐いて持参した包丁を自らに向けたというのだ。そうして銃刀法違反容疑で現行犯逮捕。

彼に何があったのか、詳しいことはわからない。生活保護を受けていたとも報じられている。包丁を持って「死ぬ」と脅すやり方は決して許されないものの、「気持ちはわかる」という人は少なくないのではないだろうか。それほどに、「補償なき自粛」の中、多くの人の生活が逼迫している。

そんなことを思うのは、日々、極限状態でSOSの声を上げる人々の姿を見ているということもあるし、ある報道に触れたことも大きい。

54ページで書いた、コロナで仕事がなくなり、不動産会社の女性を刺して逮捕された24歳男性のことを覚えているだろうか？

その後の報道で、男は3月頃まで大阪で風俗関係の仕事をしていたこと、しかし、仕事がなくなり横浜に戻ってきたことを知った。が、戻ってきた横浜では住む場所がなくネットカフェで寝泊まりする生活。お金もなくなり、路上生活をした果てに犯行に及んだことという。

今まさに、支援団体にSOSを送ってくるような人たちと同じ状況である。彼のしたことは決して許されないが、事件を起こす前にどこかの支援団体につながっていたらと思うと忸怩たる思いだ。

また、新型コロナを受けて詐欺事件が増えることも予測され、注意が促されているが、5月14日には詐欺の疑いで中国人留学生の男（23歳）と無職の男（23歳）が逮捕されている。

彼らは京都の女性からキャッシュカード4枚をだまし取ったなどの疑い。2人はスマホアプリを通じて指示役から訪問先などの連絡を受けていたそうだ。留学生の男は「バイトをしていたが、新型コロナで仕事がなくなったのでやりだした」と話しているという。

新型コロナウイルス感染拡大の中、あらゆる業種のあらゆる立場の人が影響を受け、日々の生活費にも事欠く不安な日々を送っているが、その中でも困窮の度合いが高いのは外国人だ。留学生もいれば、日本で働く人もいるし、わけあってオーバーステイの人もいる。

外国人であっても在留資格があり、住民登録されていれば一律給付金10万円がもらえるが、それ以外の外国人は対象にならない。周りの支援者たちからも、「外国人からの相談がもっとも緊急度が高い」という声を時々耳にする。言葉の壁によって様々な支援があることを知らなかったり、どこに相談していいかわからなかったり、或いは制度に辿りつけなかったり、はたまた辿り着けたとしても「外国人」という理由で制度利用から排除されてしまったり。

今回の詐欺事件のように、外国人が逮捕されると厳しい目が向けられるが、彼らに情報と支援が届くような仕組みが作られることこそが「犯罪を未然に防ぐ」ためにも大切だと思うのだ。

一方で、犯罪に手を染めるほどではないし住む家もあるけれど、「休業手当が出ない」「ずっと休まされているけれど補償はどうなるのか」という不安を多くの人が抱えている。

このような場合、一人で会社と交渉しても納得のいく回答はなかなか得られないだろう。そんな時は、労働組合に相談してみるというのもひとつの手だ。会社に組合がない、あるいは相談したが頼りにならないという場合は、一人でも入れる個人加盟の労働組合に相談してみるといいだろう。現在、コロナ経済危機を受けて、個人加盟の労組に加入する人は確実に増えている。それは「コロナで休業するから休んで」と言われた非正規の人が休業手当を要求しても「非正規だから出ない」と言われることが多いから。

返答に納得いかなくても、一人で会社と交渉するのは難しい。が、個人加盟できる労働組合に入り、団体交渉を申し入れれば会社はそれを拒否できない。労働組合の交渉申し入れを拒否したり無視すると「違法」になってしまうからである。

会社によっては雇用調整助成金で雇用維持につとめたり、休業手当をなんとか捻出したりと必死の努力を重ねているところもあるだろう。が、休業手当について、「政府要請に基づく休業なので支払い義務はない」と逃げているところもある。そのような場合、労組に入る効果はかなり大きい。黙っていれば補償ゼロだった派遣社員が、組合に入って交渉したことで１００％の休業手当を勝ち取ったという例もすでにある。

最近も、コナミスポーツの例が注目された。

スポーツジム最大手のコナミスポーツでは、コロナによる休業において、非正規のインストラクターに休業手当を出していなかった。が、インストラクターの一部が個人加盟できる「総合サポートユニオン」に加盟。休業手当を求め、5月15日、本社前で「休業補償を全額払え!! 非正規の命を守れ!!」と横断幕を掲げて抗議活動をしたのだが、その日の夕方、「回答」がもたらされたのだ。なんとコナミスポーツはこれまでの態度を一変させ、3月まで遡って休業手当を支払う方針を表明したのだ（東京新聞TOKYO Web 2020年5月16日）。

コナミスポーツは全国に180の施設を持つという。そこで働く非正規インストラクターの数は一体どれほどになるだろう。一部の人がこうして声を上げ、組合に入り、動いたことで、全国のコナミスポーツの非正規インストラクターが救われることになったのだ。

これまで私が受けた電話相談を振り返っても、「休業手当が受けられない」というものは圧倒的に多かった。多くの企業はやはり「政府要請なので支給義務はない」と逃げの姿勢だ。これに対しては政府でしっかり定義して休業手当が全員に支払われるようにすべきなのだが、対策はとられないまま、職種によってはもう2ヶ月も3ヶ月も放置されたままだ。後手後手の政府の対応を待っていても埒が明かないかもしれない。そうであれば、コナミスポーツの例のように、個人加盟できる組合に入って戦うという手もあるのだ。そして実際、結果は出ているのだ。ちなみに、労働組合に入ると、団体交渉申入れ書と一緒に「組合加入通知書」というものを会社に送るのだが、これを送っただけで未払い給料が翌日全額振り込まれた、なんて話もよくある。

労働組合に関して、「自分には関係ない」「よくわからない」という人も多いだろう。自分の会社の組合は全然助けてくれない、非正規は相手にされない、という人もいるかもしれない。しかし、このように、個人加盟できる組合の中には、今、迅速に動いているところもある。そして結果を出している。

個人加盟できる組合には、総合サポートユニオンのほかにも、首都圏青年ユニオンやプレカリアートユニオンなどなど多くの団体がある。会社に守られない非正規だからこそ、組合は必要なのだ。また、外国人が相談できる窓口もある。「移住者と連帯する全国ネットワーク」は長らく外国人研修生、実習生問題にも取り組んでいる。と、ここまで名前を出した組合はすべて私が関わったり取材したことのある組合だ。もちろん、個人加盟のものでなくても、自分の職場の組合が「頼れる」組合であればぜひ入るといいだろう。

関心がある人はぜひ、調べてみてほしい。

(2020/5/20 更新　https://maga9.jp/200520-2/)

❾「昨日から私も犬も食べてません」〜ペットとともに住まいを失った女性

その女性（仮にエリさんと呼ぶ）は、膝の上に小型犬を乗せて私が来るのを待っていた。クリクリした目の可愛らしい犬だ。名前は、サトちゃん（仮名）。

エリさんから「新型コロナ災害緊急アクション」にSOSのメールが入ったのは数日前。そこには、犬と一緒にアパートを追い出されてしまったこと、所持金もほぼなく、昨日から自分も犬も食べていないことが記されていた。

コロナ経済危機が始まってから、胸が潰れるような内容のSOSを多く見聞きしてきた。だけど「犬も食べていない」という言葉に、心をえぐられる気がした。すぐに反貧困ネットワーク事務局長の瀬戸大作さんがエリさんのもとに駆けつけ、緊急のお金とドッグフードを渡した。このような場合、緊急宿泊費も渡してホテルなどに泊まってもらうことが多い。しかし、犬と一緒ではホテルやネットカフェに泊まることはできない。だけど、このまま野宿させておくわけにはいかない。多くの人が奮闘し、ペット連れでもなんとか宿泊できる場所を見つけ、数日はそこに滞在してもらうことになった。が、そこに入る時にちょっとしたトラブルが起き、私が駆けつけたというわけである。エリさん、そしてサトちゃんと会うのはその時が初めてだった。

無事にトラブルが解決し、エリさんとサトちゃんはその日から安全な場所に宿泊できることとなった。その帰り道、わっと泣き出しそうになった。エリさんが大切そうにサトちゃんを抱く様子から、一人と一匹でお互いを支えにして暮らしてきただろうことがひしひしと伝わってきたからだ。どうしてそんな人が、ここまで追い詰められなければならないのだろう。何も悪いことなんてしてないのに、コロナ経済危機で仕事がなくなったという理由だけで、命の危機にさらされなければならないのだろう。だって、もし私たちと出会っていなければ、どの支援にも制度にも繋がれなければ、東京の片隅で一人と一匹が路上で餓死していたかもしれないのだ。

私にも、大切な猫がいる。この7月に16歳になるぱぴちゃんとは16年を一緒に生きてきた。19年春、もう一匹の猫・つくしがリンパ腫で亡くなってから、ぱぴちゃんは14年ぶりの「一人っ子」生活を満喫し、完全に性格が変わった。びっくりするほど甘えん坊になったのだ。そんなぱぴちゃんは私にとって大切な家族で、どんなに困窮しようとも、手放すなんて絶対に考えられない。ペットと暮らすすべての人が持つ思いだろう。

そんなペット問題は、リーマンショックの時にもすでに浮上していた課題だった。いや、正確には、その翌年の「公設」の派遣村。当時は民主党政権だったため、年末年始、オリンピックセンターがホームレス状態の人に解放され、それが「公設派遣村」と呼ばれていたのだ。

09年の年末、路上の相談会には、小さなケージに入れた猫を連れた若いカップルが訪れた。住んでいたところを出され、猫と一緒にホームレス化したということだった。困窮しても決して飼い猫を手放さないような心優しいカップルが、路上にまで追い詰められていることがショックだった。猫とカップルの、不安そうな目が忘れられない。

また、公設派遣村に入った中には、ウサギを飼っている若い女性もいた。長らく野宿生活だったそうで、そんな彼女にとってウサギは家族以上の存在で、手放すなんて決して考えられないということだった。このように、すでに10年以上前、住まいをなくした人たちの「ペット問題」は浮上していた。

それだけではない。今、私たちが一緒に活動している人の中に、高野さんという人がいる。彼は一時期野宿生活となり、反貧困ネットワーク埼玉に支援されて脱ホームレス、今は支援者として活躍している人だ。そんな彼はもともと百貨店勤務で安定した生活をしていたのだが、親の介護をきっかけに離職。結局、両親ともども見送った時には手元に1万5000円ほどしかなく、飼い猫を抱え、両親と長年住んでいたアパートを出て野宿生活となっていた。そんな高野さんの窮状を知った反貧困ネットワーク埼玉は、高野さんにホームレス状態でも生活保護申請ができることなどを伝え、申請に同行してくれたのだ。それだけではない。猫を連れた高野さんのため、生活保護で決められた家賃以下で、ペット可の物件まで探してくれていた。そんな丁寧な支援のおかげで高野さんは無事に路上から猫とともにアパートに入ることができたのである。そうして今は生活保護を廃止し、困窮者支援の貴重な戦力となっている。

そんな例があるにもかかわらず、エリさんは役所に行ったところ「生活保護を受けるなら犬を処分しろ」と言われたのだという。もし、私が「猫を処分しろ」なんて言われたら、二度と役所になんか行かないだろう。あまりにも、あまりにもひどい話だ。ここで強調しておきたいが、生活保護はペットがいても受けられる。「処分」する必要など絶対にない。

さて、初めて会った日から数日後、エリさんとサトちゃんは別の滞在場所に移ることになったのでそこにご案内しつつ、今後の相談をした。多くの支援者や弁護士がかかわって、今、エリさんとサトちゃんの生活を立て直そうとしている。そんな光景を嬉しく見ながらも一方で、思う。

おそらく今、エリさんのように「ペットとともに賃貸物件を出されて途方に暮れている」人が日本中にいるだろうと。多くの支援団体も、ペットがいることまではなかなか想定していない。エリさんの支援を通して、そんなモデルケースが作れたらどんなにいいだろう。

エリさんと今後の相談をした日は、他にもSOSメールをくれた人に会いに行った。数年前、東京都の確保したホテルに滞在している男性は、元ネットカフェ生活者。数年前、ネットカフェで財布を盗まれすべての身分証明をなくしていた。以来、ネットカフェ生活をしながら働いていたものの、コロナの影響で店は休業、ネットカフェも閉鎖となり、支援団体にSOSメールをした結果、都がネットカフェ生活者用に確保したホテルに辿り着いたのだ。そうして生活保護を申請したものの、ホテルを出たあとが問題だ。携帯がないのでアパート契約が難しい。携帯を作ろうにも、身分証明が何もない。仕事をしたくても、携帯も身分証明もなければ雇ってくれる場所がない。そんな悪循環の中にいた。

次に会った女性は、寮を追い出されそうということだった。

この日（6月1日）、滞在が延長されているはずのネットカフェ生活者のためのホテルから、行き場も決まらないままに追い出された人が大勢いることを知った。これからまた、SOSメールが多く入るのだろう。

3月から、支援団体は野戦病院のような状態である。何度も言うが、民間の支援団体がボランティアでできるキャパをとっくに超えている。多くの弁護士さんたちもボランティアで動いてくれているが、ボランティアで動いてくれる弁護士さんに仕事（といってもまったくお金にならない）が集中している状態だ。

心から、思う。国は、まずこの現場を見てほしい。駅に、街に、明らかにホームレスになりたての人も増えている。まずは命を救うこと。住まいや食べ物に困らないようにすること。望んでいるのは本当に最低限のことだ。

今も、犬や猫を連れて、そして子どもを連れて住まいを失い、路上でひっそりと飢えている人がいる。とにかく、小さく弱い命から一刻も早く救うこと。政治がすべきことって、そういうことではないのだろうか。

（2020/6/3 更新　https://maga9.jp/200603-1/）

⑩千代田区の缶詰、新宿区の嘘、そしてワンコの病気 ～弱者を見捨てさせないために

久々に、頭が真っ白になるくらいの怒りが込み上げた。

これまでも、生活保護の水際作戦や屈辱的な対応については散々見聞きしていた。しかし、今

はコロナでみんなが大変な時期。厚労省から生活保護については迅速に対応するようにという通知も出ている。それなのに、「今でもこんなことやってるの？」という現実に、ただただ言葉を失った。

それは6月3日のこと。この日、私は千代田区役所にいた。つくろい東京ファンドの小林美穂子さんから連絡を受けたのだ。

つくろい東京ファンドとは、住まいのない人などを支援する団体で、14年に設立。代表理事は90年代から困窮者支援をしてきた稲葉剛さんだ。

そんなつくろい東京ファンドには、4月から170件を超える相談が殺到している状態。所持金が尽きた、住む場所もないといった切実なSOSだ。小林さんは相談をくれた人のもとに駆けつけ、生活保護申請同行などの支援を続けている。

そんな小林さんからの連絡は、千代田区の福祉事務所に申請同行したが、申請はできたもののあまりにも対応がひどいので来てくれないかというものだった。もし可能であれば、ということで、れいわ新選組党首・山本太郎さんの同行も希望されていた。

コロナ経済危機が始まって以来、山本太郎さんもボランティアでホットラインの相談員などをし、街頭で見かけたホームレス状態の人に声をかけ、支援団体につなげたりと「ひとり福祉事務所」のような機能を果たしている。早速、山本太郎さんに事情を話すと「知恵はないけど圧は出す！」という力強い参加表明が届いたのだった。名言だな……。

そうして6月3日午後1時、私たち3人と当事者のSさんは千代田区役所の福祉事務所にいた。まず驚いたのは、コロナ禍の中、生活保護を申請する人は激増し、東京23区では4月、前年同月比で4割増になってどこの福祉事務所にも人が殺到しているというのに、千代田区の福祉事務所はガラガラだったことだ。もともとオフィス街の区で住民は少ないのだが、それにしてもガラガラすぎないか。不審に思いつつ、この日の1時にSさんの担当者とアポイントを取っていることを伝える。と、山本太郎さんの登場に福祉事務所はざわつき始め、慌てた様子で係長と課長という人がやってくる。Sさんの担当となった人も含め、話し合いが始まった。

ここで経緯を振り返ると、Sさんは5月27日、小林さんに同行してもらい、生活保護を申請。この時点で住まいはなく、所持金は200円ほど。申請の意思を示しているこのような場合、すぐに申請書が出てくるものだ。しかも現在は緊急時。しかし、申請書が出てくるまで、1時間5分もかかったという。この時点でありえない対応で、申請を諦めさせようとしていたと言われても仕方ない。

しかも生活保護は申請からだいたい2週間以内で決定されるのだが、対応した職員は、千代田区では2週間で決定することはほぼない、一ヶ月かかると説明。また、申請時に所持金がない場合、決定まで待っていたら餓死してしまうので他の区では仮払いがされるのだが（その日の夕食から困ってしまうため）、なんとこの日、Sさんに渡されたのは現金ではなく災害備蓄の缶詰だったという。

その内訳は、白粥13個、サンマ蒲焼缶15個、きんぴらごぼう缶15缶、500mlの水5本。これで生活保護決定まで過ごせということだろうか？「なくなったら連絡を」ということだったそうが、Sさんが連絡しても折り返しはなかったという。

ここで他の区はどうかということを紹介すると、申請時に所持金が尽きている場合、だいたい1日1000〜2000円ほどが生活費として仮払いされる。今まで多くの生活保護申請に同行してきたが、所持金が尽きている人で、その日のうちに仮払い金が渡されなかったケースは皆無だ。交渉次第ではその日から決定までのネットカフェなどの宿泊代も出る（平時の場合。コロナ禍の現在はホテル代が出る。ただ、支援者が同行しないと教えてもらえず施設に入れられてしまうことも）。そこからアパートに移るという流れだ。

Sさんの場合、住まいはないものの現在、都の提供するホテルに宿泊している。が、さすがに缶詰だけの支給というのは常軌を逸している。早く生活保護を抜けようと職探ししたくても、交通費もないのでは何もできない。「それでもありがたいと思え」と言う人は、所持金200円で1日3食、サンマ缶ときんぴらごぼう缶だけという生活をしてみるといい。いくらなんでもありえない、と抗議したのだが、私はこの「災害備蓄の食料支給」という事実によって、ある事件を思い出していた。

それは、12年に札幌市白石区で起きた姉妹餓死事件。42歳の姉と40歳の妹が1月、遺体で発見されたという痛ましい事件である。真冬の札幌で電気とガスは止められ、二人が住む部屋のガスストーブは使えない状態だった。冷蔵庫は空っぽで、遺体は衣服を何枚も重ね着している状態だったという。姉が先に亡くなり、知的障害のある妹は姉の遺体の横で半月ほど生きていたとみられる。携帯には、前年12月20日に「111」という発信記録が残されていた。110番か119番にかけようとしたものの、番号を間違ったのではないか。そんな姉妹の姉は、生前、生活が苦しいと白石区役所に3度も相談に訪れている。が、3度とも「若いから働ける」などと追い返され、3度目に追い返されてから半年後、遺体となって発見された。そんな姉が2度目に相談に訪れた時に支給されたのが、「パンの缶詰」だったのだ。

この時の姉妹の状況は逼迫していた。全財産はわずか1000円。両親はすでに亡くなり、知的障害の妹を抱える姉は体調不良で失業していた。食料も残り少なく、ライフラインも滞納。一刻も早く生活保護が開始されなければ命に危険が及ぶことは誰だってわかる状況だ。が、白石区の福祉事務所がしたことは、「非常用のパンの缶詰14缶の支給」。災害備蓄用のもので、14缶の根拠は「7日×1食×二人」。姉妹に対して1週間、1日1食、しかもパンだけで生き延びろということである。この日の「面接受付票」には、「食料確保により生活可能であるとして、生活保護の相談に至らず退室」と書かれている。

そうして福祉に見放された二人は、餓死・凍死した状態で発見されたのだ。

この事件を受けて12年3月、「全国『餓死』『孤立死』問題調査団」が弁護士らで結成され、私も加入。5月には調査団で事件調査のため札幌に行き、白石区に聞き取りもした。が、二人の命が失われたことについて、白石区はあまりにも冷淡だった。

　このような経緯があるからこそ、千代田区が災害備蓄の缶詰を渡したことがショックだった。白石区の時もそうだが、食料を渡すということは、飢える可能性があるとわかっているということだ。千代田区の場合は生活保護申請はできていたが、コロナ禍という非常時において、このような対応がなされていることが衝撃だった。

　そうしてこの日、千代田区との話し合いの結果、「一ヶ月かかる」と言われていた保護の決定は2週間で下りることとなり（できるんじゃん！）、また、現金の仮払いもされることになった。1日2400円として、1万5000円がSさんに支給されたのだ。

　が、ここに至るまで、1時間10分。他の区では、自分から何も言わなくても所持金がない場合は出てくるお金だ。それをいろいろと理由をつけ、さらには「協議が必要」と20分間、席を外して協議して、やっと出てきたのだ。

　しかし、これは歴史的な一歩でもある。長年、現金支給が行われてこなかった千代田区で、こうして仮払いが認められたのだ。Sさんが頑張ってくれたことによって、大きく道が開いたのだ。担当課長は、今回に限らず、所持金のない人には仮払いをすることを口頭だが約束してくれた。何もしなければ変わらなかった制度にこの日、小さいけれど、確実に穴が空いたのだ。

　快哉を叫びたい一方で、窓口を訪れて、心がえぐられる思いもしていた。

　コロナ禍で困窮者が増える中、全国各地の福祉事務所の職員たちが奮闘していることは知っている。当事者に寄り添った素晴らしい支援をしてくれている職員の存在も知っている。一方で、時々耳にするのは「ひどい」としか言いようのない職員だ。水際作戦で追い返す、態度が横暴で喧嘩腰、高圧的、ニヤニヤしてばかりして人を馬鹿にしたような態度をとる、等々。

そのような人が、福祉事務所の窓口で困窮者対応をするわけである。そうして生活保護を受ける資格があるのに、受けなければ死んでしまうのに、難癖をつけて本人を追い返している。この事実を思うと、腹わたが煮え繰り返りそうな怒りに包まれる。

なぜなら、生活保護の窓口は、そこで追い返されたら死ぬ確率がもっとも高い窓口だからだ。他の施策の窓口とは明らかに違う。他に生きる手段がない人たちが来る最後の砦だというのに、なぜ、福祉の知識もろくになく（本当にそういう人がたまにいる）、当事者を傷つける言動を平気でしてしまう人が配置されているのか。はっきり言って、その席にはプロ中のプロしか座ってほしくないのだ。命に関わる仕事なのだから。素晴らしい仕事ぶりの職員たちがいることを知っているだけに、それが残念でならない。

さて、この日、千代田区役所から帰る時、Sさんたちと歩いていると道端にきんぴらごぼうの缶詰の空き缶が落ちているのを発見した。Sさんに支給されたのも、まさに同じ缶詰だという。おそらく千代田区の福祉事務所でもらった人が空腹に耐えきれず、すぐに食べたのだろう。そんな缶詰の賞味期限は、来月だった。廃棄処分が近いものから渡しているのだろう。理解できるが、なんだかとても悲しくなった。

一方で、生活保護の現場がなぜこれほど殺伐としているかもよくわかる。コロナ不況を受け、生活保護を申請する人が激増しているのに、現場には人手も予算も圧倒的に足りないからだ。「給付なき自粛」をこれだけやってきたのだから失業者や困窮者が増えるのは当たり前なのだ。だからこそ国は、困窮者対策に予算と人手を投入してほしいと切に思う。最後のセーフティネットなのに、どの市区町村に住んでいるかで生死が別れるようなやり方を、とにかく今すぐ是正してほしい。

と、ここまでが6月3日のこと。

それに先駆ける6月1日、新宿区がトンデモないことをやらかしていた。

一言でいうと、「嘘をついてネットカフェ生活者をホテルから追い出していた」のだ。

緊急事態宣言を受けて、東京都がネットカフェ生活者のためにビジネスホテルを提供していることは前述してきた通りだ。5月6日時点で800人以上が入っていたのだが、この人たちは現在、6月14日までホテルにいられることが決まっている。しかし、5月29日、新宿区は区内のホテル利用者に「ホテル利用は5月31日（チェックアウト6月1日朝）まで」という文書を配布したのだ。新宿区でホテルを利用していたのは172人。うち74人が生活保護を申請したものの、少なくとも87人が行き場もなく、なんの制度へも繋がっていない状態で放り出されてしまったのだ。しかも、この通知が配布されたのは金曜の夕方。翌日と翌々日は土日で、月曜の朝チェックアウトとなっている。役所に相談しようにも時間はほぼない。そうして、本当に追い出されてしまった。

このことに激怒して6月8日、私たち「新型コロナ災害緊急アクション」は新宿区に申し入れをした。

申し入れをしたのは、つくろい東京ファンドの稲葉剛さん、小林美穂子さん、元自治体職員で生活保護を担当していた田川英信さん、医師の谷川智行さんなど。新宿区からは福祉部長と課長が対応し、多くのマスコミも集まった。

まずは稲葉さんが申し入れ書を読み上げたのだが、部長、課長はホテルから追い出したことについて、「そうしたほうが必要な人が相談に来ると思った」などの苦しすぎる言い訳を展開。ホテルから出したほうが、困っている人が福祉事務所に生活の相談に来ると思った、ということである。が、それが現実離れしているということはすぐに明確になった。なぜなら、稲葉さんたちのもとには、行き場がなく追い出された87人のうち、数人から既にSOSが入っているからだ。

ある人は、29日の文書を見て焦って新宿区に電話したという。2度にわたって電話して「ホテルに滞在したい」とお願いしたが埒があかず、その日のうちに直接窓口を訪れているのだ。が、福祉事務所の職員に、「新宿区としては6月1日までにチェックアウトいうことで決まっている」と追い返されたのだという。ちなみに、5月22日の時点で都の宿泊事業は6月7日まで延長され、6月1日には6月14日まで延長されている。他のすべての区では問題なくネットカフェ生活者らがホテル滞在を続けられるのに、なぜ新宿区だけが都の意向を押し切ってまで追い出したのか。数が多いから面倒だったのか、と勘ぐってしまうのは私だけではないだろう。

結局、1日に追い出されてSOSをくれた人は、この週末は炊き出しに行ってなんとか食いつないでいたという。新宿区は、炊き出しに並ばないと食べるのにも事欠くような人々を放り出していたのだ。

しかもこの日、課長、部長に質問して判明したのは、ホテルから追い出す際に所持金の確認もしていないこと。ホテルに入る時に所持金はいくらと書かせているらしいのだが、以降、ホテル滞在中も出る時も確認していないのだ。コロナで仕事がないのだから、所持金は減るばかりに決まっている。ちなみに他の区には、職員が一人一人の部屋を訪ねて生活保護制度はじめ、いろいろな説明をしているところもあるという。携帯電話が止まっている人も多いため、そのようなきめ細かな対応がとられている区もあるのだ。が、新宿区では、そういう対応はおろか、ホテルにいる間、電話すらしていなかったという。早い人では4月11日頃から入っているのに、だ。一ヶ月半以上、一体何をしていたのだろう。

6月1日、ホテル追い出しが発覚してから、メディアでもこの問題が取り上げられるようになった。それを受けて慌てたのだろう。部長と課長は、追い出した87人のうち、電話番号がわかっている54人に今日から電話をかけ始めたと明かした。

「1週間経ちましたので、どうしてますか？　と電話をしています」と部長。

いやいや、「どうしてますか」とかそんな呑気なかけ声よりも、本来いられるはずのホテルから追い出してしまったことを謝罪し、必要であればすぐにホテルの再利用につなぐことが先ではないのだろうか。そしてそれは1週間経ってからでなく、彼ら彼女らが追い出された6月1日から始めるべきだったのだ。この1週間で携帯が止まった人もいるだろう。その上、そもそも携帯が止まっていたのだろう33人にはメールしたのだろうか。中にはメールアドレスすらない高齢の人などもいただろう。だから放り出してはダメなのだ。これでは面倒だから追い出したと言われても仕方ない。

申し入れでは、区長の公式見解を明らかにすること、利用者に謝罪し、再発防止の検証をすること、また連絡先がわかる利用者に早急に連絡し、ホテル利用を希望される場合は責任をもって対応することなどを求めた。

と、そんな申し入れ前日の7日も怒涛だった。

エリさんの犬・サトちゃんが体調を崩し、休診日の夜間、動物病院に駆け込んだのだ。

サトちゃんは3日頃から体調を崩しており、4日には私も一緒に動物病院に行っていた。しかし、注射をし、薬を飲んでもなかなか良くならない。その一方で、木曜夜からはうちの猫のぱぴちゃんも体調を崩し（頭がまったく上がらなくなり、動きも体つきもすべて変になる）、私も動物病院通いが始まった。ぱぴちゃんは脳に異常があるかもと言われて土曜日にＭＲＩまで撮ったのだが、結局低カリウム血症とわかり、治療をするとみるみる良くなった。が、サトちゃんの方はなかなか良くならない。ということで日曜夜、休診日だというのに獣医さんのご好意で診てもらい、さまざまな検査を経て、やっと病名が判明したのだ。これからも継続的な治療が必要となる。

ということで、最近の私は、自分の職業がなんなのかよくわからない状態だ。もともとよくわからないが、最近はさらにわからなくなっている。

が、私などまだまだ楽な方だ。

今日も支援者たちは、「あと200円しかない」「もう食べものがない」というような待った無しのSOS対応に奔走している。まったくのボランティアでだ。だからこそ、役所の人たちには頑張ってもらいたいと思うのだ。「ボランティアでやれ」と言っているわけではないのだから。自分が手を放してしまったらこの人は命を失ってしまうのではないか。そんな想像力をすべての人が持てば、救われる人は大勢いる。

ということで、最近、「このキャパ超え状態、いつまで続くんだろ」と考えるとふと怖くなる……。

（2020/6/10 更新　https://maga9.jp/200610-1/）

第2章　2020年・夏

⓫「死ね、と言っているのと同じ」～生活保護基準引き下げ違憲訴訟・名古屋地裁判決

「死ね、と言っているのと同じです」

原告の女性は、「とても残念です」と繰り返しながらそう言った。

6月25日午後。この日、名古屋地裁である裁判の判決が下された。生活保護基準引き下げ違憲訴訟、通称「いのちのとりで裁判」である。現在、全国29都道府県で1000人以上が原告となり、進んでいる裁判だ。13年から始まった生活保護基準の引き下げが憲法違反だとして、生活保護利用者が原告となって起こしたのだ。

ことの発端は、第二次安倍政権の発足まで遡る。

12年12月に発足した安倍政権がまずはじめに手をつけたこと。それは「生活保護基準の引き下げ」だった。なぜ、このようなことが強行されたのか。それは自民党が政権に返り咲いた選挙において、選挙公約に「生活保護費の1割削減」と明記されていたからだ。

その背景にあったのは、08年のリーマンショックからの流れである。

これによって国内には派遣切りの嵐が吹き荒れ、08年末から09年明けにかけて、「年越し派遣村」が開催された。年末年始、寒空に職も住む場所も所持金も失った500人が集まり、連日炊き出しに並ぶ光景は、この国に静かに広がっていた「貧困」を嫌というほど可視化するものだった。そうして09年夏の選挙において、それまで散々「自己責任」を強調してきた自民党は政権の座を追われ、民主党政権が誕生する。政権交代の原動力のひとつになったのが、「年越し派遣村」とも言われている。一方、派遣村以前から多くの悲劇は起きていた。例えば北九州市では、05年から07年の間、3年連続で餓死事件が発生。いずれも生活保護を利用できなかったり、利用できていたのに辞退させられた果てに起きた悲劇だった。餓死した男性が残した、「おにぎり食べたい」というメモの言葉を覚えている人も多いだろう。

09年からの民主党政権では生活保護利用者は増え、11年には過去最高となって200万人を突破。この「増えた」という事実のみを聞いて眉をひそめる人もいるかもしれないが、もともとこの国の生活保護の捕捉率（利用すべき人がどれだけ利用しているか）は、2~3割と言われている。本当は利用する資格があるのに利用していない人が膨大に存在するのだ。よって、利用者が増えるのはいいことなのである。

「でも、不正受給者が多いって聞くけど」という人もいるだろう。が、不正受給率は全体のわずか2%ほど。圧倒的多数が適正受給なのである。ちなみに、生活保護の利用は確実に自殺者や餓死者を減らしている。それだけではない。生活保護制度がない社会は、「一文無しになった人が生きるために手段を選ばない社会」だ。窃盗などが横行し、それは確実に治安にも跳ね返るだろう。最後のセーフティネットは、このような機能も果たしているのである。

しかし、「生活保護利用者が増えている」ということを問題視したのが、当時野党だった自民党。そうして12年春、彼らにとって絶好の「攻撃対象」が現れる。

あるお笑い芸人の母親が、生活保護を受けていることが報じられたのだ。通常であれば芸能人のちょっとしたスキャンダルで済むはずだったこの話を、自民党の片山さつき氏が大きく取り上げ、厚労省に調査を依頼。「一芸人の家族のこと」が一気に政治問題のトップに踊り出し、当人は大変なバッシングに晒された。

が、ここで強調しておきたいのは、成功した芸人の家族が生活保護を受けていたとしても、それは「不正受給」でもなんでもないということだ。これについては「生活保護問題対策全国会議」の見解（「扶養義務と生活保護制度の関係の正しい理解と冷静な議論のために」）を見れば明らかなのでぜひ一読してほしい。「強い扶養義務」があるのは、夫婦間と未成熟の子に対する親だけだからだ。

が、片山さつき氏らが煽った生活保護バッシングは、メディアにも飛び火していく。多くのメディアで生活保護利用者を叩くような報道がなされ、その中には、「生活保護受給者の監視」を呼びかけるテレビ番組まであった。

その果てに起きたことは何か。

生活保護を利用する人はスーパーなど買い物にも行けなくなり、精神的な病気を抱える人は病状が悪化。私のもとにも当事者から「生きていてはいけないと言われてる気がする」「生活保護受給者は死ねということでしょうか」などという悲鳴のようなメールがいくつも届いた。そうして実際に、自殺者も出ている。自らが支援してきた人を自殺で失った埼玉の男性は、「自死したという一報を聞いた時、頭に浮かんだのは、ある自民党議員の顔でした」と述べている。

そんな中、片山さつき氏は「生活保護を恥と思わないことが問題」というような発言を繰り返した。また、自民党の生活保護に関するプロジェクトチームのリーダーをつとめていた世耕弘成議員は、12年7月、インタビュー記事で生活保護利用者の「人権」を制限すべきという内容の発言をしている。それだけではない。やはり12年9月には、自民党・石原伸晃氏が報道ステーションにて生活保護を「ナマポ」と揶揄する発言をし、社会保障費の抑制などについて述べたあと、「尊厳死協会に入ろうと思うんです」などと述べた。

さて、ここでつい最近、2020年6月15日の国会を思い出してほしい。

安倍首相は田村智子議員の生活保護に関する質問に答え、「生活保護バッシングをしたのは自民党ではない」という主旨の発言をしたわけだが、ここまで読めば誰もがわかる通り、生活保護バッシングを率先してやっていたのは思い切り自民党議員である。特に片山さつき議員がそれを主導していたことは誰もが知る通りだ。それを「自民党ではない」など、誰もがわかるような嘘をつく人物が首相にふさわしいか甚だ疑問だが、もし、わずか数年前のこの事実を本気で「忘れている」ならば、それはそれでやはり首相にふさわしくないだろう。なぜなら、生活保護削減は、自民党が政権に返り咲いた際の選挙公約だったのだから。

ちなみに片山さつき議員は16年、高校生に対しても「貧困バッシング」を繰り広げている。8月、NHKのニュースで放送された「子どもの貧困」特集に出演した高校生の女子生徒が、部屋にアニメや漫画関連のグッズがあったなどの理由からネット上でバッシングを受けた際のことだ。これに便乗した片山氏は、Twitterで以下のように述べている。

「拝見した限り自宅の暮らし向きはつましい御様子ではありましたが、チケットグッズ、ランチ節約すれば中古のパソコンは十分買えるでしょうからあれっと思い《（ママ）》方も当然いらっしゃるでしょう。経済的理由で進学できないなら奨学金等各種政策で支援可能！」「追加の情報とご意見多数頂きましたので、週明けにＮＨＫに説明をもとめ、皆さんにフィードバックさせて頂きます！」

国会議員が、女子高生に対する集団リンチのようなバッシングを利用しようとする光景には、ただただ言葉を失った。

貧困当事者としてメディアに登場した人物が、「本当に貧困なのか」と責められる——。格差と貧困が深刻化すればするほど、そのような「貧困バッシング」をあちこちで目にするようになった。が、こういった現象には「犠牲の累進性」という名前がついている。例えば正社員が「安月給でつらい」と言えば「派遣よりマシだろ」と言われ、派遣社員が同じことを言うと「ホームレスよりマシ」と言われ、ホームレスが「貧困で大変」というと「難民よりマシだからありがたく思え」と言われる、というようなやり方だ。「お前よりもっと大変な人がいる」と黙らせる作法を「犠牲の累進性」というのだが、このような貧困バッシングは枚挙にいとまがない。

話を戻そう。

12年、自民党議員が煽った生活保護バッシングは、メディアを巻き込みながら広がっていった。特筆しておきたいのは、多くの人があのバッシングを、手軽なガス抜きの娯楽として消費したという事実だ。大勢の人の、おそらく「悪意ですらない暇つぶし行為」によって、多くの人が追い詰められ、中には命を奪われる人まで出た。そしてそんな「国民感情」を大いに利用する形で、生活保護引き下げは強行されてしまった。13年から3年かけて、基準は随時、引き下げられていった。

私はこの頃のことをよく覚えている。特定秘密保護法や安保法制反対運動が大いに盛り上がる中、生活保護引き下げ反対運動は、それらと比較すると悲しいほどに注目されなかった。そうして多くの人の「バッシング」が最後のセーフティネットを切り崩したのに、切り崩される頃には「祭り」はすでに下火になっていて、参加した人たちでさえそんな祭りがあったことを忘れていた。

そうして、3年かけて200万人以上の命を支える制度が切り崩されていった。平均6・5％、最大10％の引き下げは総額670億円にのぼり、利用者たちの生活を直撃した。

「1日3食はとても食べられないので1日2食にした」「交通費などが捻出できず、結婚式や葬式やお見舞いにも行けないので人間関係が維持できなくなった」「真夏でもエアコンをつけないで我慢している」等、ただでさえ切り詰めた生活をしている人々が、より切り詰めざるを得なくなった。

「これ以上、何を切り詰めればいいのか」という問いは、「生きていてはいけないと国から言われている気がする」「死ね、というメッセージに思える」という絶望の言葉に変わっていった。

「だけど、生活保護を受ける中には働けるのに働かない人もいるんでしょ？」という人もいるかもしれない。しかし、19年のデータでは、利用者でもっとも多いのは高齢者世帯で54・1％。続いて多いのは病気や怪我で働けない世帯で25・4％。高齢者と障害、病気がある人で実に利用者の8割を占めるのである。

それでも生活保護を受けるなんて贅沢だ、国の金なのだから文句を言うなという人は、一度、一ヶ月でいいから生保基準で生活をしてみてほしい。また、働いている自分より生活保護の方がもらっているじゃないかという人は、すぐさま福祉事務所を訪れてほしい。生活保護は働いて収入があっても利用できる。国が定める最低生活費に満たない分の差額が支給されるのだ。利用している人をバッシングする前に、自分が制度を利用しよう。

それにしても、なぜ、このような生活保護バッシングが起きたのだろう。今思うと、政治家にとって「叩きやすい」ということもあったのだろう。生活保護は、当事者団体があるわけでもない。「労働組合」的なものがあるわけでもない。いくら叩いても、生活保護を利用する人は滅多に声など上げられない。そして政治家にとって、「なんらかの政策を達成する」のは難しいことだが、生活保護バッシングは、それをしているだけで支援者たちに「何かやってるアピール」ができる。叩いてもリスクがなく、「仕事してる感」が出せる。バッシングは、政治家にとって非常に「コスパがいい」のだろう。が、そんなふうに政治利用された果てに、自殺者までが出た。そして、引き下げによる苦しい生活が今も続いている。

そんな状況に対して、「生活保護引き下げは憲法25条の侵害」として、全国で違憲訴訟が始まっていた。そうして6月25日、初めて名古屋地裁で判決が下されたのだ。

名古屋地裁は、原告の訴えを棄却した。

判決文にいろいろツッコミどころはあるが、名古屋地裁は引き下げは「国の財政事情」や「国民感情」をふまえたものであり、原告の主張は採用できないとしている。

これが通るなら、一政党が政治的な目的をもって国民感情を煽ったら、最後のセーフティネットを切り崩せてしまうということになる。「法律も憲法も無視している」。「いのちのとりで裁判全国アクション」共同代表の尾藤弁護士はそう憤り、同じく共同代表の稲葉剛さんも、「生活保護への敵視政策を司法が正して欲しかったが、現状を追認するような判決」と述べた。

前述したように、生活保護基準が引き下げられる時、多くの人は無関心だった。

しかし、無関心だった人の中には、コロナ禍の今、生活に困窮してる人もいるはずだ。世界的な感染拡大によって経済が逼迫し、特に日本では「給付なき自粛」で収入が絶たれた人が続出したからこそ、生活保護制度は平時よりも重要性を増している。そんな状況の中で出た、「棄却」という判決。

この国が「弱者を見捨てる社会」になるのか、それとも「助け合い」を復権させる社会を目指すのか。私はコロナ禍の今が、大きな分岐点だと思っている。全国の裁判はまだまだ続いている。「いのちのとりで裁判」、ぜひ注目してほしい。

(2020/7/1 更新 https://maga9.jp/200701-1/)

⑫生きる意味・価値を問うという傲慢 ~相模原事件・傍聴記

45年前に書かれたその小説は、「相模原障害者施設殺傷事件」を、そして現在のコロナ禍の医療現場の逼迫を奇妙に予言するような内容だった。

その小説とは、『谷間の生霊たち』。著者は朝海さち子。1975年、私が生まれた年に書かれたこの小説は、第10回太宰治賞を受賞している。しかし、著者の名前も小説タイトルも私はまったく知らなかった。

教えてくれたのは、『季刊　福祉労働』167号で対談した荒井裕樹さん。二松学舎大学文学部准教授で、障害者運動に非常に詳しく、『どうして、もっと怒らないの？　生きづらい「いま」を生き延びる術は障害者運動が教えてくれる』などの著書がある。

そんな荒井さんと対談したのは、『福祉労働』のこの号の特集が「津久井やまゆり園事件が社会に残した『宿題』」だったため。荒井さんと私は巻頭で「『生きさせろ！』が笑われる世の中にどう抗うか」というタイトルで対談している。ちなみにこの特集、もう鳥肌が立つほどに読み応えがあるのでぜひ読んでほしい。

そんな対談に先駆けて行ったZoom打ち合わせで、荒井さんはこの小説を紹介してくれたのだ。

さっそく入手して読んで、震えた。

はからずも当時は新型コロナウイルス感染拡大が世界的に広がり始め、日本でも「ステイホーム」がさかんに呼びかけられていた頃。海の向こうのアメリカやイタリアでは、人工呼吸器不足で医療者が「トリアージ」に引き裂かれるような苦悩の中にいることが報じられ、この国でも医療崩壊を目前に、日々、戦場のような現場で働く医療従事者の奮闘を多くの人が祈るような思いで見つめていた。

そんな中、私は困窮者支援をする一方で、3月に判決を迎えた相模原事件の裁判傍聴記をまとめる作業をしており、日々、植松聖の「障害者は時間とお金を奪う」「社会の役に立ちたいと思って事件を起こした」などの言葉を自分の傍聴メモから拾っていた。

それでは、ここで『谷間の生霊たち』の内容を紹介しよう。45年前の小説なので、今は「差別的」という理由などから使われていない言葉もあるが、原文を引用する際はそのまま使うこととする。

小説の主人公は、菜々枝。昨年成人式を迎えた年齢で、「重症心身障害児施設の、山麓病院に、補助看護婦」として働いている。

もともとは母親が病院の炊事場で働いていたのだが、栄養士や看護師たちに使い走りをさせられていたところ、院長の目に止まったのだ。

私費を投げ打ってこの病院を建て、重度心身障害児の実情を訴えて講演や陳情活動をするような院長は、「知恵おくれで、誰にも相手にされず、世間から隔離されて育った」菜々枝の雇用を思い立ち、採用する。菜々枝はそのことを深く感謝し、誇らしい気持ちで働いている。病室の子たちも、やさしい菜々枝を慕っている。

そんな菜々枝の所属するA病棟の患者は、「殆どが聾唖者で、盲目で、その上、白痴で、手足の機能障害まで重なり、三重苦のヘレン・ケラーよりも重症な患者ばかり」。2～17歳で、全員おむつをつけている。菜々枝たちの仕事は、深夜も含めて1日8回のおむつ交換や食事介助、入浴介助、検温、投薬など。子どもといってもA病棟で最年長の健ちゃんは82キロの巨体。おむつ交換だけでも菜々枝は汗だくになってしまう。

そんな病院で年の瀬、職員たちを追い詰めることが起きる。日頃から腰痛を訴えていた看護師たちが一度に5人も退職届を出してしまったのだ。ただでさえ人手不足の現場。残された者たちの仕事は2、3倍にも増え、日頃は大人しい看護師までもが、「早く食べろ！」と障害児の頬をぴたぴた打ちながら食事介助をするようになる。そんな病院には院長の甥で研修医の小牧が手伝いに駆り出されるのだが、病院が貧乏ゆえ、アルバイト料も交通費も出ていないと菜々枝は知る。大晦日を前にして更に3人の看護師が腰痛で自宅療養となり、病棟は「非常事態」となる。その上、悪性のインフルエンザが流行し、患者も医師も看護師も次々と罹患。

そんな中、最年長の健ちゃんが熱を出して口から食べられなくなり、流動食を鼻腔から流すことになる。しかし、体調が悪いせいかたびたび嘔吐してしまう。そのたびに「寝巻から枕、シーツ、蒲団にまで浸透し、残らず取り替えなければならない状態」になってしまい、そのことが看護師たちを苛立たせる。

「きらい、健ちゃんなんか大嫌い、もう知るもんか、どこかへ消えてしまえ！」

そう叫びながら健ちゃんの身体を乱打する看護師も現れる。

極限状態が続いていた日、菜々枝は院長と甥の話を偶然耳にしてしまう。

「重症の健ちゃんたちは、死んだほうがずうっと幸せですよ。死なせてやるべきだと思います」

と主張する甥。それに対して、あの子らの命は神様から授かったものだと主張する院長。

甥は院長に言い返す。

「せめてあの子らが、親たちに愛されているなら話は別ですよ。クリスマスになっても、正月になっても、あの子らの親たちは見舞いにさえ来ないじゃないですか」「叔父さんが本当にあの子らを愛しているのなら、早く死なせて楽にさせてやって下さい」

菜々枝はそれを聞いて、「やっぱり小牧先生はいい人だった……先生は健ちゃんたちがかわいそうでならないのだ、健ちゃんたちのことを心配しているのだ」とほっと息をつく。が、その後の小牧の言葉に青ざめる。

「それにね、叔父さん。健ちゃんたちのために悩み苦しんでいるのは、肉親ばかりじゃないですよ。看護婦が次々にやめるのも、愛情だけでは生きられない証拠だし、僕だって、もう、ぶっ倒れそうですよ。入院中の婦長だって、へたすると死ぬかもしれませんよ。倒れるまで無理していますからね。叔父さんだって、あぶないじゃないですか……」

「難しい話は、わからない」菜々枝だが、「健ちゃんたちのために、みんなが大変な目にあっている」ということははっきりわかる。

「婦長さんが死んでしまったら、どうしよう。小牧先生が倒れたらどうしよう。もし、院長先生が死んだりしたら……」

菜々枝は、健ちゃんの鼻と口にビニール布とタオルをあてる。

ここで私が思い出すのは、現在は確定死刑囚となった植松聖だ。

健ちゃんに対して「死なせてやるべき」と主張する院長の甥・小牧と植松の考えは近い。やまゆり園で働き始めて2年が経つ頃から、しきりに入所者を「かわいそう」と言うようになったという植松。「食事もドロドロで、一日中車椅子に縛りつけられている」とその理由を友人たちに語っている。それがいつしか「殺す」に飛躍する。

「重複障害者を生かしておくために、莫大な税金が使われています。お金がなくて戦争するなら、もっと考えることがあるはずです」

この言葉は、植松被告が事件前、友人に送ったLINEである。同じような内容のものを、彼は実に多くの友人たちに送っていた。

「障害者470人を抹殺できる」と、それが「世界経済と日本のため」だと衆院議長に宛てた手紙に書いた植松被告は、逮捕後も獄中で「日本の借金問題」についてさかんに言及してきた。

「日本は社会保障を充実させていって100兆円もの借金を抱えることになりました（著者注 実際は1000兆円と言われている）。あなた自身はそれをどう思いますか？」

「日本の借金だってこれ以上もう無理ですよ。これで大地震でも起きたら無茶苦茶になりますよ」

「障害者は、他人のお金と時間を奪っています」

借金はいけない。人に迷惑をかけることもいけない。国の将来を憂い、危機感を持っている。お金がなくて戦争するなんて悲劇もなくしたい。それらの思いをすべて凝縮し、危機感と正義感をもって彼が実行したこと。それが障害者の大量殺戮だった。

日本は財政破綻寸前なんだから障害者を生かしておく余裕なんかない。障害者を殺害した犯人が口にするとことさら「異常さ」が際立つその言い分はしかし、私たちの日常に溶け込んでもいる。

いつからか「高齢化」が報じられる時は「医療費にこれだけの金がかかっている」などとお荷物感とセットで語られ、「日本は少子高齢化で社会保障の財源がないんだから、ある程度〝命の選別〟をするのは仕方ない」という空気は、気づけばこの国を覆っている。10年前だったら口に出すのがはばかられた考えだろう。が、残酷な「本音」が「建前」を打ち破り、「命は大切だ」というような「正論」を口にする者が「現実を何もわかっていない」と嘲笑される光景があちこちにある。

「わたしの教え子で障害者福祉に携わるものに言わせると、植松青年の犯行の原因は、『優生思想でも、なんでもない。単純な嫉妬ですよ』ってことです。社会的に何もできないものが、優遇されてノウハウと生きているのに対するやっかみだって。それに引き換え、おれは生活保護一つ取るのだって大変なのに、という」

この言葉は、雑誌『コトノネ』32号に掲載された最首悟さん（和光大学名誉教授）のものだ。重度障害がある三女を持つ最首さんはインタビューでこのように述べたのだ。

その言葉に、深く頷いた。貧困の現場で15年にわたって活動を続ける私も、わかりやすい弱者性のない「マジョリティ」の嫉妬じみた感情が爆発寸前になっているのを感じる。

振り返れば、00年代前半には「公務員バッシング」があり、10年代には「生活保護バッシング」があった。バブルの頃は誰も公務員など羨ましがらなかったのに、格差・貧困が拡大すると「安定、高収入」と非難されるようになり、また人々の暮らしが地盤沈下していくと、生活保護を受けている人がバッシングの対象となった。そしてこの数年広がっているのは「障害者ヘイト」だ。障害者だけでなく、公的な支援の対象となる者に「特権だ」と言いがかりをつける人がいる。

障害者が「守られて」いるように見えるのは、おそらく障害も病名もない人たちが「死ぬまで自己責任で競争し続けてください。負けた場合は野垂れ死ってことで」という無理ゲー（難易度が高すぎて、クリアするのが無理なゲーム）をこの20年以上、強いられているからだろう。本当は苦しいけれど、弱音を吐いた瞬間に落伍者とみなされてしまう。だから、「弱者」が「守られている」のが許せない――。おそらくそんな気分の同一線上に、ベビーカーで電車に乗る人を執拗に非難する「子連れヘイト」があり、駅などで女性だけを狙ってぶつかってくる「わざとぶつかる男」がいる。

この20年以上、生産性が高く、役に立つ自分を全方向にプレゼンし続けなければ生きる価値がないという強迫観念に、多くの人が苛まれている。毎日、毎分、毎秒。そんな中、「怠けて楽して得している」ように見える「誰か」へのささやかな殺意が本人も無意識のまま、胸の中でくすぶりながら肥大し続けている。

そんなこの国で、16年夏、「あの事件」が起きた。

さて、ここで植松がしきりに「かわいそう」と口にした入所者の「その後」を紹介したい。

やまゆり園で「一日中、車椅子に縛りつけられて」いた女性は、事件によって別の施設に移り、そこで拘束を解かれ、足腰のリハビリを受けたところ歩けるようになり、今では散歩やカフェでの食事、資源回収の仕事ができるまでになったという。

支援の仕方で、障害の重さはこれほどまでに違ってくるのだ。「かわいそう」と思うなら、本当はいろんなやり方があったのだ。何よりも残念なのは、福祉の世界に身を置きながら、植松は「殺す」しか思いつけなかったことではないだろうか。

一方で、植松はSOSを発していたのではないかと思える瞬間もあった。

判決の日、やまゆり園の入倉園長は会見で、事件の年から植松が入所者に対して軽い感じで「やばいですよね」「いらないですよね」と言うようになったことを話した。それがだんだんと「殺す」に発展していく。働き始めた頃からもろもろの問題はあったものの、最初は植松のことを「雑だけどやんちゃな兄ちゃん」という目で見ていたという。しかし、勤務を続ける中で、植松は少しずつ変わっていった。

そんな話を聞きながら、思った。

もしかしたら「やばいですよね」と言うようになった時期、彼は深い葛藤の中にいたのではないだろうか？　重度障害者を目の当たりにして、自分では処理できないほどの戸惑いの中にいたのではないだろうか？

やまゆり園での勤務を始めるまで、植松は障害福祉の世界について何も知らなかった。やまゆり園に入って、「すごい世界があるなと思いました」と言うほどに、彼は何も学ばないまま現場に身を置いた。それも、最重度の成人を受け入れる入所施設に。

葛藤は、端から見て過酷に見えれば見えるほど、「この人は幸せなのか」「この人の生は苦しみに満ちているのではないか」「死なせてあげた方がいいのではないか」「生きる意味はあるのか」に発展していく。また、植松はおそらく「なぜ、彼ら彼女らは障害があるのに自分はそうではないのか」「命とはなんなのか」「生命の価値とはどういうものなのか」等、それまで考えたこともないような問いを突きつけられていたのではないだろうか。そうしてそんな根源的でもっとも難しいテーマについて、彼は誰かと語りたかったのではないか。「やばいですよね」とあえて軽い感じで同僚に言ったのは、「目の前の現実をどう受け止めればいいのか」というSOSではなかったのか。

そんな葛藤は、ケア労働につきものだと思う。しかし、彼の葛藤に付き合ってくれる人間はいなかった。

「殺す」と言う植松に友人たちは「捕まるよ」と言い、差別的な発言を聞いたある先輩は「心で思っても口にするな」と言ったという。それらの言葉は、植松の心には、おそらく、まったく響かなかった。


命は大切だ。命の選別なんて、絶対あってはならない——。

そう言われる一方で、コロナ禍の中、私は多くの命が踏みにじられているのを見てきた。家賃が払えない、食料がない、昨日ホームレスになった。そんなSOSに駆けつけながら、この社会がどれほど命を大切にしないかを、3月頃から突きつけられるような日々だった。それだけではない。新型コロナウイルス感染拡大を受け、4月はじめ、アメリカのアラバマ州では、重度の知的障害者や認知症の人は、人工呼吸器補助の対象になる可能性が低いというガイドラインが出された。このガイドラインはその後撤回されたものの、州によっては「重度障害者が所有する人工呼吸器もトリアージの際には取り上げる」と解釈できるガイドラインが生きている（NHKバリバラ 2020/5/7 新型コロナ 世界では何が起きている?・)。

5月には、医療現場が逼迫する日本でもある動きがあった。大阪市の医師が、高齢者向けに「集中治療を譲る意志」を表示するカードを作成したのだ。カードを作った医師は「高齢者に署名を推奨するものではまったくない」と言うが、「限られた医療資源でどう命を救うか」という課題が今、私たちにこれまでないほどリアルな問いとして突きつけられている。

だからこそ、私たちは「命の選別」はいけないと、命は何よりも大切でかけがえがないと、声を大にして言わなければならないと思う。

人の命を財源で語るなんておかしいし、誰だって、どんな状態だって、生きてるだけで価値がある――。

いや、本音を言えば、自分自身だって自分の生存をどう肯定していいかわからない。特に10代20代は自殺願望の塊でリストカットばかりしていた。自分なんて生きてちゃいけないと思っていた。

だけどこの15年、「無条件の生存の肯定」という言葉をスローガンにしてさまざまな活動をしてきた。

この言葉は、フリーターやワーキングプアの運動が盛り上がった06年に現場から生まれたものだ。貧乏すぎてもう食えない、先のことなんか考えられない。そんな地平から逆ギレしたように「生きさせろ!」と叫び始めた当時の若者たちは、「企業の営利活動の役に立つ者だけに価値がある」という価値観に真っ向から抵抗し、「無条件の生存の肯定」を掲げたのだ。言い換えれば、「役立たずでも堂々と生きるぞ!」という開き直りである。

このような「役立たずの開き直り系」運動にどっぷりとハマったことによって、私は「役に立たなきゃ生きる価値がない」というこの国で一番メジャーな宗教から解放された。

その一方で、植松のあの「役に立たないといけない」というヒリヒリした感覚は、どこかとても、痛いくらいにわかるのだ。

ここで、『福祉労働』での荒井さんとの対談を紹介したい。

荒井さんは、相模原事件を考えるにあたって一番警戒していることについて語ってくれた。それは「障害者に生きる意味なんてあるの？」というフレーズ。そして以下のように続けている。

「これって、論理的にものすごく卑怯な言い方なんですね。どういうことかって言うと、『障害者に生きる意味なんてあるの？』という言葉に反論しようとすると、反論する側に『障害者の生きる意味』を立証する責任が出てきてしまうんですよね。それって、ずるくないですか。この問いを突き付けられること自体が暴力なんだっていうことを言ってかなきゃだめな話なんですよね」「だから、その問い自体が差別であり、暴力なんだと、根本的なところから訴えていかなきゃいけないんだろうなと思います」

荒井さんの言う通り、常に生きる意味や価値を問われるのは弱者の方である。強者は、圧倒的な力の非対称性に無自覚なまま、弱いものに恐ろしいことを問う。その時強者は、自分自身が「あなたには生きる意味などあるんですか」と問われることは決して想定していない。そう問われた時、どれほどの痛みを感じるか、なぜ想像もせずに他人の生を、よりにもよって「評価」しようとするのか。

そして植松は、「お前の生に価値はない」と勝手に決めつけた。それだけでなく、実際に、命を奪った。書きながら、改めて、そのことへの深い深い怒りに震えている。そんな植松に、司法は「そんなお前こそ生きている価値はない」と死刑判決を下した。「障害者はいらない」と殺した植松に「お前こそいらない」と極刑が下される。そうして裁判は終わったが、そのことに強烈な違和感を抱いているのは私だけではないだろう。

東京に緊急事態宣言が出た4月7日、彼の身柄はひっそりと横浜拘置所から東京拘置所に移送された。いつ死刑が執行されてもおかしくない身だ。

あの事件について考えたこと、そして裁判を傍聴して思ったことを一冊にまとめた。

タイトルは『相模原事件・裁判傍聴記 「役に立ちたい」と「障害者ヘイト」のあいだ』。あの事件から、もうすぐ4年。この4年間、あの事件にこだわり、しつこいほどに書き、考えてきた。

ぜひ、手にとって、一緒に考えてほしい。

（2020/7/15 更新 https://maga9.jp/200714-1/）

⑬ 福生病院人工透析中止死亡事件の裁判、始まる

「夏が来ると、いろいろと思い出してつらくなります。これまで居た人が居ないというのは本当に寂しくつらいです。

病院に持っていったバッグは今もそのまま家にあります。タオルや着替え、点つなぎの本、(手芸に使う)ビーズ・糸・鈴などを入れて持って行ったのですが、今もそのままです。ひょっこり帰ってくるかもしれないと、片付けられないのです」

この言葉は、18年8月、当時44歳の妻を亡くした男性のものである(公立福生病院透析中止死亡事件　第1回民事裁判報告の集い　資料集「原告メッセージ」より)。

妻が亡くなったのは、公立福生病院。腎臓病だった妻は、その5年前ほどから人工透析をしていた。が、亡くなる一週間前の8月9日、シャント(針を入れる分路)が閉塞して透析できなくなったため、ふだん透析をしていた診療所から紹介されたのが福生病院だった。

そうして訪れた福生病院で、女性は首にカテーテルを入れて透析を受ける治療法があるとともに、透析そのものをやめる選択肢を提示される。やめれば、2〜3週間の命。が、女性は「透析離脱証明書」にサイン。体調は当然悪化し、5日後の14日には福生病院に入院した。あまりの苦しさに女性は「撤回」の意思を示し、16日には「こんなに苦しいなら透析した方がいい、撤回する」と述べている。しかし、透析は再開されない。

ちなみに、なぜ夫が妻の「透析離脱」を止めなかったかというと、「苦しくなったらまた再開するだろう」という思いがあったから。透析を始めた頃、病院とのトラブルで妻が一ヶ月近く透析に行かなくなったこともあった。結局、体調が悪化して透析に行ったため、今回もそうするだろうと思っていたのである。

しかし、透析は再開されない。そんな時、予期せぬトラブルが起きる。8月15日夜、夫が胃潰瘍に倒れ、同じ福生病院で緊急手術を受けたのだ。この時のことについて、夫は「原告メッセージ」で以下のように述べている。

「本当にタイミングが悪かった。自分の手術は死ぬわけじゃないからすぐにしなくてもよかった、我慢すればよかったと後悔しています。妻のそばに居てやれば、(透析の再開をお願いできた)妻は死ぬことはなかった、そう思うと悔しくて、後悔の念を背負って生きている、という感じです。自分が回復したら透析をやってもらおうと話すつもりでした。前日は食事も食べられたし、まだ大丈夫と思っていたのです。

状態が悪いと呼ばれて、(術後の)たくさんの管をつけたまま車椅子に乗せられて駆けつけました。『死んでるじゃん』と(思わず)言いました。『声をかけるとまだ聞こえますよ。』と看護師さんに言われたけれど、一目見て死んでいると思いました。車椅子に乗ったまま手を伸ばして触れると冷たかった。口も目も半開きで、あの苦しそうな顔は忘れたくても忘れられません。

苦しくなって入院すれば透析を再開してくれて助けてくれると思っていたのに、医者と自分の考え方が違っていたのです」

女性は「透析離脱証明書」にサインした1週間後の8月16日、死亡。

なぜ、透析再開を本人が求めていたのに再開してくれなかったのか。そんな思いから19年10月、女性の夫(52歳)と次男(21歳)は慰謝料など2200万円の支払いを求めて病院を提訴。7月22日、その第1回公判が行われたのである。

この日、東京地裁712号室で13時15分から始まった裁判を傍聴し、衆議院第一議員会館で14時半から始まった「報告の集い」に参加した。

透析再開を求める女性に対して、医師は長男と次男に対し、「意識が混濁している状態ではなく、意識が清明であったときの本人の意思を尊重する」と述べたという。しかし、いくら透析の離脱証明書にサインしても、苦しくなれば本人の気持ちは当然変わる。助けを求めて病院に駆け込んでいるのだから、透析治療は再開されるものだと、当然本人も家族も思っていただろう。が、そうはならなかったのだ。

集会では、原告と被告側の争点についてなどが解説された。

果たして医者が治療中止を提案し、中止することに違法性はないのか。また、一旦は離脱に同意したとしても撤回できると説明したのか等、裁判で明らかにされるべきことは多い。が、私がこの日気になったのは、被告側が出してきたという「自己決定」という言葉だ。

たとえば、透析中止の提案がなされた際のことを、夫は以下のように書いている(公立福生病院透析中止事件　提訴報告集会　資料より)。

「今回、先生から『首からカテーテルを入れて透析続けますか、透析をやめますか』と言われて、妻は『やめることもできる』と気づいたのだと思います。私が診察室に呼ばれた時、先生は2つの選択肢を軽い感じで説明しました。妻が『透析やめます』と言ったあと、先生はゆっくり話し合うこともせず、『続けた方がいい』とも言わず、病院で準備された『透析離脱証明書』が出され、それに妻がサインしました。『在宅でお看取りです』と言われたのですが、その時は意味がよくわかりませんでした」

透析をやめる＝確実に死ぬ選択肢を示され、「やめます」というと「在宅でお看取りです」と話は終了。ものすごく大切な部分を何段階もすっ飛ばしている印象だ。夫の「意味がよくわかりませんでした」というのも頷ける。

ここで思うのは、いくら患者が「治療をやめたい」、場合によっては「死にたい」と言っても、医療従事者は「はいそうですか」でいいのだろうかということだ。それが「自己決定」だから仕方ない、で本当にいいのか？

この日の集会では、自身も透析をしているという男性が発言した。男性自身、年に何度も「今日は透析に行きたくない」という日があるのだという。しかし、男性は福生病院のやったことは「殺人」だと述べた。

「そもそも透析をやめたいと言った時に、まずもって医療者がやるべきことは、透析をして有意義に生きていくいろんなやり方があると、苦しいこともあるけど楽しいこともいっぱいある、もう一度考え直して透析始めたらどう？　って、まずそういう説得こそが医者のやるべきことで、一回死にたいって言ったんだからさっさと死んでしまいなさいみたいなことは、本当の医療ではない」

　また、40年以上、透析の「機械屋さん」として働いてきたという男性は、40年前に透析を始めた患者さんと今も交流があることを述べた。食事制限や水分制限をうまくやっていけば、それほど長く透析ができ、社会生活を営めるのだ。それなのに、なぜ44歳の女性に透析離脱が提示されたのか。それだけではない。なぜ、助けを求めて病院に来た女性に透析は再開されなかったのか。病院に来ること自体が「生きたい」という意思表示ではないか。しかも、明確に「撤回する」と言っているのに、意識が混濁しているとしてその言葉は受け止められなかった。その絶望を思うと目の前が暗くなってくる。

　一度「離脱証明書」にサインしてしまったことが「自己決定」としてここまでの効力を発揮してしまっていいのだろうか。しかも「死に直結する自己決定」だ。

が、自己決定とは、そもそも十分な情報と様々な選択肢が与えられた上で成立するものである。その上で、自らの自由意志が尊重され、その決定が下されたプロセスも重要だ。

　例えば透析治療はつらいことから、うつ状態になったり「やめたい」と口にする人も多いという。夫によると、女性もうつの傾向があったようだ。また、透析を拒否する人の中には経済的に困窮している人も少なくないという。透析に限らず、「お金がないから」「子供に迷惑、負担をかけたくないから」という理由で医療や介護に消極的な人の意見はよく耳にする。経済的な状況や家族関係などすべてをクリアすることは難しいにしても、人間は自身の置かれた立場や状況に大きく影響されることを考えると、どこまで「自己決定」と言えるのか、自己決定と言われているもの、思わされているものは本当に自己決定なのか、そこから疑いたくなってくる。それらの点から、私は医療における「自己決定」という言葉を警戒している。その危険度は「自己責任」と近いかもしれない。

さて、そんな初公判の翌日、驚くべきニュースが飛び込んできた。

それは京都のALS（筋萎縮性側索硬化症）の女性に対する嘱託殺人で医師2人が逮捕されたというニュース。これに対して、同じALSの舩後靖彦議員は、「事件の報道を受けての見解」というコメントを自身のサイトに掲載している。

舩後議員も、ALSとなって2年間は「死にたい」と思い続けたという。一時は呼吸器をつけることを拒否し、また、胃ろうも拒否して餓死寸前までいっている。しかし、患者同士のピアサポートなどを通じて、自分の使命を知り、人工呼吸器をつけて生きることを決心した。そんな舩後議員は、コメントの最後にこう綴っている。

「『死ぬ権利』よりも、『生きる権利』を守る社会にしていくことが、何よりも大切です。どんなに障害が重くても、重篤な病でも、自らの人生を生きたいと思える社会をつくることが、ALSの国会議員としての私の使命と確信しています」

ＡＬＳ女性への自殺幇助の罪で逮捕された医師の一人は、高齢者は社会の負担、高齢者への医療は社会資源の無駄などと主張していたという。この世界観は植松とも重なり合う。コロナ禍の現在、命の選別は仕方ないと口にする人々もいる。が、私たちがすべきは「誰に優先的に人工呼吸器を使うか」という議論ではなく、足りない人工呼吸器をどうやって増やすかではないのか。

福生病院の事件に関しては、以前も「なぜ、透析は再開されず、彼女は死んだのか？　〜福生病院透析中止事件」(https://maga9.jp/191023-3/) で書いているので参考にしてほしい。

また、福生病院はこの件に関して、自身のサイトで「東京都福祉保健局立入検査の結果について」「日本透析医学会のステートメントについて」という声明を出し、一部報道を否定している。

コロナ禍の中でさらに注目を浴びる裁判の行方を、見守っていきたい。

(2020/7/29 更新　https://maga9.jp/200729-1/)

⓮第二波の中届く、「2度目の相談」

新型コロナ感染の拡大が止まらない。

7月31日、新規感染者は４６３人、８月1日にはそれを上回る４７２人と過去最高を更新。８月２日には２９２人、３日には２５８人となったが、７日連続で２００人超。こうなると、何人くらいになれば「少ない」と思っていたのかもわからなくなってくるが、5月後半頃の都内の新規感染者が日によっては一桁だったことを思うと危機感が募る。

感染拡大を受け、沖縄では独自の緊急事態宣言を発出。8月1日から15日まで、不要不急の外出自粛が呼びかけられ、那覇市内の飲食店は夜10時までの時間短縮が要請され、松山地域の接待を伴う施設にも休業が要請されるなどしている。

東京都でも、飲食店とカラオケ店に対して8月3日から31日まで、午後10時までの時短営業を要請。応じた店舗には協力金20万円が支払われるという。

一方、感染者がやはり急激に増えている大阪でも一部エリアの店舗に対して休業や夜8時までの時間短縮営業を要請。8月6日から20日までで、時間短縮に応じた店舗には一日あたり2万円の支援金が出るという。また、連日100人を超える感染者が出ている愛知県でも、名古屋市の一部地区の飲食店、カラオケ店に対し、休業や午後8時までの時間短縮を要請。期間は5日から24日まで。要請に応じた店には最大20万円の協力金が支給されるという。そんな愛知県の隣の岐阜県では、独自の第二波非常事態宣言が発出された。

「客の戻りは半分以下だけど、このまま感染者が減っていけばなんとかなるかもしれない」

6月から7月はじめにかけて、飲食店の人々がそう口にするのを耳にしてきた。同時に、久々に夜に外出したら、街の風景が一変していることにこの2ヶ月ほど驚かされてもきた。よく行っていた飲食店が潰れ、内装工事をしている光景を何度見ただろう。その中でなんとか生き残ってきた飲食店などに対して、またしてもこの試練。そして今、再び多くの人が失業や家賃滞納、ホームレス化の危機に晒されている。

そんなふうに感染が拡大し続ける7月31日、厚生労働省で記者会見をした。8月8日、3度目になる「コロナ災害を乗り越える　いのちとくらしを守るなんでも電話相談会」を開催するからだ。

会見に参加したのは、つくろい東京ファンドの稲葉剛さん、反貧困ネットワーク事務局長の瀬戸大作さん、反貧困ネットワーク埼玉の猪股正さん、ホームレス総合相談ネットワークの後閑一博さん、そして私。

3月頃からコロナによる生活困窮者支援を続ける稲葉さんと瀬戸さんからは、ここ最近の相談傾向について語られた。

緊急事態宣言の出ていた4〜5月の野戦病院状態と比較して、6月からは相談件数は少し落ち着いてきたものの、感染が拡大し始めたこの2週間ほど、再び増える傾向にあるという。

その中には、「2度目の相談」の人もいるという。4月などに一度相談をしてきた人が、再び相談メールをしてくるというパターンだ。東京都が確保していたホテルから出て仕事についたものの、再び仕事がなくなり相談してくる人もいれば、一度目の相談の際、支援者から「生活保護」を提示されても「自力で頑張る」と答えた人たちもいる。「国のお世話になる」のではなく、特別定額給付金10万円や社会福祉協議会の貸付金などでなんとか繋ぎつつ、仕事を見つけるという人たちだ。しかし、貸付金を借りたり給付金を支給されたりしても、結局は滞納していた家賃の支払いや生活費に消えてしまい、コロナ禍の中、仕事も見つからない。そんな人が、第二波と言われる中、どうにもならなくなって連絡してくるのだ。

このように「2度目の相談者」が見られるのが「第二波」の特徴だろう。

ちなみに職種として多いのは、感染者数の増加にモロに影響を受ける飲食店や風俗店などサービス、接客業。「新型コロナ災害緊急アクション」に寄せられる緊急相談を見ていても、そのような職種の人や「2度目の連絡の人」が少なくない。

この日の会見では瀬戸さんから、そんな「新型コロナ緊急アクション」の活動を支える「緊急ささえあい基金」の話も出た。これまで多くの寄付金が集まり、現在までに約600世帯、1000人以上に現金給付をしてきたのだ。寄せられた寄付金は、直接給付によって多くの命を救っている。その中には、この国の公的なセーフティネットになかなかひっかかれない外国人も多くいる。一刻も早い支援がなければ餓死の危険性に晒されている人たちだ。そんな状況を思うと、外国人を救う公的な仕組みが必要だと切に思う。

会見では、私もここ最近の話をした。

例えば緊急事態宣言が出された4月頃に支援し、現在は生活保護を利用してアパート暮らしをする人に話を聞くと、日雇い派遣などの仕事は4月5月よりは増えたという。が、今回の感染拡大を受け、再び仕事が減る、もしくはシフトに入りづらくなることが予測される。なぜなら、第一波の際、日雇いの仕事が減ったのはイベントなどの仕事がすべて流れたという理由もあるが、飲食店などの休業により、働く先を失った人が日雇い派遣に殺到したという理由もあるからだ。

そして今、同じことが起きている。感染者が拡大し始めた7月後半頃から、都内では飲食店への客足は急激に遠のいている。そうして3日から始まった営業時間短縮の要請。そうなると、働く場をなくした人々、その日の稼ぎでギリギリの生活をする人々はまた日雇いの現場に殺到するだろう。そうすれば再びあぶれる人が出る、というわけである。

この国には、感染者が増えるたびに、生活そのものが破綻する層が一定数、存在する。第一波でそのことは嫌というほどわかったはずなのに、各自治体はわずかな協力金を店に支給するだけで、働く人への補償はまたしても置き去りだ。店だって20日間も時短営業して、地域によっては午後8時に店を閉めてたった20万じゃ「焼け石に水」というところが多数で、とても従業員への補償などできないだろう。そんな中、国が進めているのは「Go To トラベル」。無策を通り越して、もはや不条理劇場だ。

そうして困窮し、路上などに放り出された人たちを支援するために、また民間がボランティアでフル稼働するのだろうか? 感染者が増えるたびにそんなことを繰り返していたら、社会は脆弱になるばかりだ。なぜ、コロナを機に、最低限、失業くらいではホームレス化しないセーフティネットの分厚い社会にシフトしようとか、そんな議論にならないのか。このように、ただただ場当たり的なことを思いつきでやっているようにしか見えないから、不安は募るのだ。

ちなみに7月なかば、取材で沖縄を訪れたのだが、着いてそうそう言葉を失った。いつも観光客でごった返している国際通りに人の姿はほとんどなく、シャッターを閉める店も多かったからだ。タクシーの運転手さんに話を聞くと、売り上げは昨年の10分の1、すでに廃業を決めた土産物屋や飲食店も多くあるという。

「少なくとも持続化給付金があと3回はないと沖縄はとても持たない」

運転手さんはそう言った。観光が大きな資源である地域ほど大打撃を受けている。そんな沖縄が再び緊急事態宣言の中にあることは前述した通りだが、全国の観光地の惨状はいかほどのものだろう。「だからGo To トラベル」と国は言いたいのだろうが、それで感染が拡大してしまってはどうにもならないではないか。

そんな中、政府は飲食店でクラスターが発生し、感染経路の追跡困難な場合には店舗名を公表すると7月28日、打ち出した。「夜の街」という呼称といい、どこまで飲食店を痛めつければいいのだろうか。

思えば、コロナ感染が拡大し始めた頃にはライヴハウスが責められ、そのあとにはパチンコ屋やパチンコ屋に行く人が槍玉に上げられた。誰かを「悪者」にするコロナ対策は、社会の分断を生むだけに止まらず、場合によっては困窮者も生み出す。困窮者支援という形でその尻拭いの末端にいるからこそ、「悪者扱い」はやめてほしいと思うのだ。

（2020/8/5更新　https://maga9.jp/200805-1/）

⑮「反貧困犬猫部」を作ったチワワ、天に召される

8月13日、ひとつの小さな命が亡くなった。

18歳のチワワのサトちゃん。飼い主さんの膝の上で、その生涯を終えた。

「昨日から私も犬も食べてません」とメールをくれたエリさんのチワワだ。

エリさんから「サトちゃんの心臓が突然止まった」と連絡があったのは、お盆に入った8月13日の夕方。連絡をくれた時点では、心臓マッサージをして息を吹き返し、呼吸はしているということだった。動物病院に連絡すると「すぐ連れてくるように」と言われたということだったが、「一人ではどうしていいのか、動かしていいのかもわからない」ということで、すぐに彼女のいるシェルターに向かったのだ。

駆けつけると、サトちゃんはぐったりとしていた。舌の色が白っぽい紫になっていてかなり深刻な状況がうかがえた。でも、息はしていることに胸をなでおろした。慌てて車に乗せて動物病院へ向かったけれど、車中でサトちゃんは息をしなくなった。

「サトちゃん、サトちゃん！　戻ってきて！」

エリさんの声が車内に響く。心臓マッサージをする音。サトちゃんは何度か息を吹き返したも

の の、それも途切れ途切れになっていく。

病院に着いてすぐ、獣医さんが蘇生のために手を尽くしてくれた。だけどすでにサトちゃんは息絶えていて、目を覚ますことはなかった。

わずか3ヶ月あまりの付き合いだった。

だけどサトちゃんは、その小さな身体からは想像もつかないほど、いろんなことを私たちに教えてくれた。中でも大きいのは、ペット連れで住まいを失うと、支援に大きな壁が立ちはだかることだ。ペットとともに住まいを失った人を救う仕組みが公的にも民間にもほぼないという現実。

5月末、私たちと出会い、6月はじめにシェルターに入ったサトちゃんは、安心したのか激しく体調を崩し、病院通いの日々が始まった。

「病院通い」といっても、エリさんは困窮した状態。到底高い医療費など払えないので病院に同行した。いろいろと検査した結果、かなり深刻な状態であり、継続的な治療が必要だと判明した。

この時点で、「犬猫に特化した寄付金を集めなければならないだろうな」と思い始めていた。なぜなら、ここまでの宿泊費などは「緊急ささえあい基金」の寄付金を使っていたのだが、それはコロナで困窮した人のために寄せられた寄付金だ。それを動物の治療費に使うとなると「ペットなんて贅沢」と言う人もいるだろう。この辺りで、動物に特化した基金、例えば「反貧困犬猫部」のようなものを立ち上げ、サトちゃんの治療費はそれでまかなっていこうという方針がぼんやりと決まった。

サトちゃんは警戒心が強いのか、私を見ると唸ったり、撫でようとすると噛んでくることもあった（でも歯がないので全然痛くない）。しかし、連日のように病院通いに同行するうちに急激に心を許してくれるようになり、ある日、動物病院の待合室で尻尾を振りながら私の膝によじ上ってきてくれた。私がサトちゃんに「認められた」瞬間だった。

そうして6月12日、「新型コロナ災害緊急アクション」の活動報告集会で「反貧困犬猫部」の設立を発表した。ともに「犬猫部」を立ち上げたのは、反貧困ネットワーク事務局長で愛犬家の瀬戸大作さん、つくろい東京ファンド代表理事で愛猫家の稲葉剛さん。呼びかけ人には料理研究家の枝元なほみさんや詩人の伊藤比呂美さんが名前を連ねてくれて、私が「部長」に就任した。

そうして寄付金を募集し始めたところ、多くの人が寄付を寄せてくれた。「うちにも猫がいるので他人事には思えない」「どうか飼い主さんと幸せに暮らせますように」。寄付金とともに、そんな優しいメッセージがたくさん届いた。

しかし、サトちゃんの病状は余談を許さなかった。気管支も弱り、息をするのもやっとという状態だったため、獣医さんからは酸素室をレンタルするように言われた（寄付金はこのレンタル料にも使った）。シェルターに酸素室を導入してからは大分落ち着いてきたが、それでも病状は一進一退を繰り返し、高齢のためか他にも不調が見つかって薬の量は増えていった。いつ、何が起きてもおかしくないことを感じていた。が、エリさんはいつもサトちゃんを手厚く看護し、今日はどれくらい食べた、薬をちゃんと飲めたなど報告してくれていた。そんな日々が、6月から続いていた。最近は調子がいいようだったので、私はすっかり安心していた。それなのに、サトちゃんは突然逝ってしまった。

それにしても、改めて、すごいチワワだと思う。

そもそもサトちゃんとの出会いがなければ、「反貧困犬猫部」が立ち上げられることはなかったのだ。犬猫部ができたことによって、今、サトちゃんだけでなく、困窮した飼い主のもとのペットたちにフードを送ったりといった他の犬猫を支援する活動ができている。

それだけではない。この夏、稲葉剛さんは「ボブハウス」というシェルターを開設した。ペットとともに泊まれるシェルターを都内に2部屋確保したのだ。「ボブハウス」という名前は、イギリスのビッグイシュー販売員の飼い猫・ボブからとったものだ。『ボブという名のストリートキャット』という書籍にもなり、映画化もされているので知っている人も多いだろう。路上生活をしていた飼い主を「救った」猫である。

そんなボブハウスを、反貧困犬猫部は家賃などの資金面で今後支援していくことも決まった。すでにボブハウスには、猫を連れて住まいを失った人たちが入っている。サトちゃんと出会ったからこそ痛感した「ペット連れの人が入れるシェルターがない」という問題が、こうしてボブハウスの開設に繋がり、今、実際にペットと飼い主を救っているのである。

そして一番すごいと思うのは、一時は飼い主さんとともに路上にまで出たサトちゃんが、最期の約3ヶ月、「無数の人々の善意」によって生かされたということだ。

犬猫部が立ち上げられ、寄付金が集まったからこそ治療を受けられた。ある意味、会ったこともない多くの人々の善意が、サトちゃんを生かし続けた。そうしてサトちゃんは、多くの善意に抱かれるようにして逝った。なんて強運な子なんだろうと思う。

もし、私たちと繋がっていなかったら。

最悪、サトちゃんは路上で命を落としていたかもしれない。その時、エリさんはどれほどの心の傷を負うだろう。それを思っただけでも、この3ヶ月間があってよかったと思う。サトちゃんが亡くなったことは悲しいけれど、私の中には「できることはすべてやった」という少しの達成感もある。

こんなことを書いていると、「だけど、なんで見知らぬ人の犬まで助けるの？」と怪訝な顔をされることがある。私ももし、誰かがそんなことをしていると知ったらそう聞くだろう。だけど、出会ってしまったら仕方ない、というだけの話だと思う。出会ってしまって、その犬が目の前で苦しんでいたら、誰だってたぶん、見捨てることはできない。それだけだ。そして、それだけのシンプルなことがなぜか「自己責任」なんて言葉で阻まれる社会だからこそ、「ほっとけない」という感覚を大切にしたい。だって、自分だっていつどうなるかわからない。住む場所を失い、猫とともに路頭に迷うかもしれない。その時、誰かが助けてくれる社会であってほしい。支援活動をする一番の動機は「自分のため」に他ならない。

「反貧困犬猫部」には、多くの寄付金が集まっている。人間の支援をする「緊急ささえあい基金」

にも多くの寄付金が集まっている。その事実を思うだけで、私は久々に「世の中、捨てたもんじゃない」という思いになる。そう思えることは、私をだいぶ生きやすくする。

一方で、お盆休みを通して、緊急のSOSはまた増えている。コロナで仕事が減る中、3月からなんとかギリギリ持ちこたえてきた人たちがお盆休みを受け、とうとう所持金が尽きたり路上に出る寸前になっているのだ。支援者たちはまた緊急出動に走り回っている。

そんなコロナ禍の夏、「世の中、捨てたもんじゃない」ことを証明してくれたチワワが逝った。

サトちゃんに、永遠の「反貧困犬猫部」名誉部長の称号を捧げたい。本当に、ありがとう。いろんなことを教えてくれたチワワだった。

(2020/8/19 更新　https://maga9.jp/200819-1/)

第3章　２０２０年・秋

⑯安倍政権、終わる ～格差と分断の7年8ヶ月

7年8ヶ月続いた安倍政権が、終わった。

突然の幕引きだった。

12年12月に発足して8年近く。思えば、長い長い時間だった。諦めや無力感を植え付けられるような、反対意見を言えば「晒し者」にされかねないような、常にそんな緊張感が頭の片隅にあるような年月だった。

ということを、終わって初めて、意識した。自分はどれほど萎縮していたのか、8月28日、辞任の会見が終わってしばらくして、改めて感じた。

さて、第二次安倍政権が真っ先に手をつけたのが「生活保護基準引き下げ」だったことは、前述した通りだ。もっとも貧しい人の生活費を下げるという決断は、「弱者は見捨てるぞ」というメッセージのようにさえ思え、貧困問題に取り組む私は発足そうそう、足がすくんだのを覚えている。

そうして13年から生活保護費は3年かけて670億円削減。もっとも引き下げ幅が大きかったのは子どもいる世帯だ。13年、「子どもの貧困対策法」が成立したものの、その影で、生活保護世帯の子どもはそこから除外されるような現実があった。

引き下げ後、生活保護利用者から耳にするようになったのは「電気代が心配でエアコンをつけられない」という悲鳴だ。この夏も数万人以上が熱中症で救急搬送され、すでに100人以上が亡くなっているが、その中には、節約のためにエアコンをつけられずにいる貧しい人々が確実にいる。

こんなふうに弱者を切り捨てる一方で、安倍政権は「アベノミクス」を打ち出し、ことあるごとに経済政策の効果を喧伝してきた。が、その実態はどうなのか。私たちの生活は、果たして楽になったのか？

例えば、「非正規という言葉を一掃する」と言いつつも、12年に35・2％だった非正規雇用率は19年、38・3％に上昇した。

また、12年から19年にかけて、正規雇用者は154万人増えた一方で、非正規雇用者は352万人増えている。

金融資産を保有していない単身世帯は12年では33・8％だったが、17年には46・4％まで増えた（18年以降は質問が変わったので単純比較できず）。また、アベノミクスで「400万人を超える雇用を増やした」と胸を張るが、その中には、年金では生活できない高齢者や、夫の給料が上がらず働きに出た女性も多い。

現在4割に迫る非正規雇用の平均年収は179万円（国税庁・18年）。働く女性の55・3％が非正規だが、その平均年収は154万円。安倍政権は「女性活躍」と打ち出してきたが、多くの女性が求めているのは「活躍」よりも「食べていける仕事」だ。結局、この7年8ヶ月で潤ったのは、ほんの一部の大企業と富裕層だけだ。

そんなこの国を今、新型コロナウイルスが直撃している。

自民党が繰り広げてきた生活保護バッシングについては83ページからの「⓫『死ね、と言っているのと同じ』〜生活保護基準引き下げ違憲訴訟・名古屋地裁判決」で書いてきた通りだ。そうして16年には「貧困バッシング」も起きたわけだが、このことが象徴するように、この8年は「声を上げた人」が徹底的に叩かれるようになった8年間でもあった。

それだけではない。

この8年、安倍首相は何度も「敵」を名指してきた。これにより、この国には分断とヘイトが蔓延した。

その被害を、私も一度、受けている。

それは「悪夢狩り」。

安倍首相が「悪夢のような民主党政権」と発言した少し後のことだ。

「悪夢狩り」は、スマホにTwitterの通知が怒涛の勢いで表示されるということから始まった。見知らぬ人々から「雨宮さん、一体これはどういうことなんですか?」などの質問が次々に届き、あっという間に数百通にも達した。「私、何かやらかしてしまったんだ」と全身から血の気が引いた。それはどう考えても「炎上」が始まった瞬間に思えた。もう終わりだ。心臓がバクバクして、全身に冷や汗が滲んだ。その間も通知はすごい勢いで届き続ける。あの時、電車のホームにいたら飛び込んでいたかもしれないと今も思う。

そんな「リプ攻撃」は一時間ちょうどで終わった。人生で、あれほど長い一時間はなかった。のちに、それが「悪夢狩り」というものだと知った。「悪夢のような民主党政権」と関係があった人物が次々とそのようにしてSNS上で「狩り」に遭っていたのだ。何月何日何時からと時間を決めて、大勢が一斉にリプを送る。参加する方にしたら軽い気持ちでも、やられた方は追い詰められる。自ら命を絶ってもおかしくないほどに。民主党政権時代、私は厚労省のナショナルミニマム研究会の委員をつとめていた。それ以外にも、民主党政権とは、貧困問題に取り組む中で様々なつながりがあった。

私にとってこの「悪夢狩り」の経験は、第二次安倍政権を象徴するものだ。国のトップが、誰かを「敵」と名指しする。それを受け、「安倍政権が敵とみなした者には何をしてもいい」「自分たちが成敗せねば」という思いを持った人々が誰かをみんなで袋叩きにする。トップは決して手を汚さない。このような忖度のもとで、いじめや排除が正当化され続けてきた7年8ヶ月。「言論弾圧」という高尚なものですらなく、もっともっと幼稚な、子どもが小動物をいたぶるような感覚に近いもの。

安倍首相は、そんなことを繰り返してきた。自らを批判する人々を「左翼」「こんな人たち」と名指し、また国会で「日教組日教組〜」とからかうような口調で言ったのを見た時、怒りや呆れよりも、恐怖を感じた。

クラスの中の、人気も信頼もないけど偉い人の息子でお金持ちという生徒が、「今からみんなでこいつついじめよーぜ」と言う時の表情にしか見えなかった。

そんな子どもじみたやり方で進められる分断は、時には誰かを殺すほどのものになるのではないか――。安倍首相が誰かを名指すたびに、総理大臣が「誰かを袋叩きにしてもいい」という免罪符を発行することの罪深さを感じた。しかし、それに異を唱えたら自分がターゲットになってしまうかもしれない。ターゲットにされてしまったら、終わりだ。そんな恐怖感が、私の中にずっとあった。

そんな安倍政権が終わるのだ。

冒頭に書いたように、私はどこかほっとしている。今までずっと緊張の中にいたのだと、終わってから初めて、気づいた。「悪夢狩り」のことだって、今だからこそこうして書ける。いつからか息を潜めるような思いで生きていたことに、終わってやっと、気づいた。

7年8ヶ月。その間には、特定秘密保護法、安保法制、共謀罪など、多くの人が反対の声を挙げてきたことが強行採決された。私たちの声が踏みにじられ、届かないことを突きつけられるような年月だった。声を上げることによって、見知らぬ人たちからネット上で凄まじい攻撃も受けた。そんなことを繰り返しているうちに萎縮し、無力感に苛まれるようにもなっていた。

この7年8ヶ月で破壊されたものを修復していくのは、並大抵の作業ではないだろう。政治は私物化され、自分の身内にのみ配慮するやり方がおおっぴらにまかり通ってきた。災害の中で「赤坂自民亭」が開催され、沖縄の声は踏みにじられ、福島は忘れられ、公文書は改ざんされ、そのせいで自死する人が出ても知らんぷりする姿は「民主主義の劣化」などという言葉ではとても足りない。

だけど、ここから始めていくしかないのだ。なんだか焼け野原の中、立ち尽くしているような、そんな気分だ。


(2020/9/2 更新　https://maga9.jp/200902-2/)

⑰「自助・共助・公助」〜「共倒れするまで助け合え」という呪い

「自助、共助、公助」

自民党総裁選を控えた菅官房長官がこのところ強調している言葉だ。

「まず自分でできることはまず自分でやる。自分でできなくなったらまずは家族とか地域で支えてもらう。そしてそれでもダメであればそれは必ず国が責任を持って守ってくれる。そうした信頼のある国づくりというものを行っていきたいと思います」

9月2日に出演したニュース番組での発言だ。それ以外の場でも「自助・共助・公助」と書かれたフリップを持ち、この言葉をアピールしている。

貧困の現場で15年間活動している私なりにこの言葉を通訳すると、「自助」とは「自己責任で自分でなんとかしろ」。

「共助」とは、「一家心中するまで家族で助け合え」「共倒れするまで地域で助け合え」。

「公助」は、「何もかも失わないと公的福祉は機能しないからやっぱり自己責任でなんとかしろ」という意味である。

この言葉について書きたいことは山ほどあって、どこから書いていいのかわからない。

が、公助ということで言えば、第二次安倍政権以前から社会保障費は削減され、年金、医療、介護、生活保護などが引き下げられたり自己負担が増やされたりしてきた。

そのような社会保障費削減は、長い時間をかけてまずは共助を支える「家族」を痛めつけてきた。一億総中流と言われた時代は多くの家族がセーフティネットの役割を果たせたが、「家族」「親」「実家」がセーフティネットになりえなくなったのだ。だからこそ、07年頃から「ネットカフェ難民」という形で比較的若い世代のホームレス化が始まったのだろう。

さて、それでは「共助」を支える「地域」はどうか。

自民党は「地方創生」などとブチ上げているが、なぜそのような言葉を強調し、地方創生担当大臣というポストまで作らなければいけないかというと、それほどに地方が疲弊しているからだ。

私の地元は北海道の小さな市だが、実家に帰るたびに駅前は空洞化し、すでに商店街だった頃の面影もなく、高齢化と人口減少がすごいスピードで進んでいることをまざまざと感じる。

そのような地方の衰退の原因のひとつとしてよく挙げられるのが大店法（大規模小売店舗法）。74年に中小小売店の保護などを目的として施行、一定程度の面積を超える出店を届け出制にすることで規制したものだが、90年代、規制は緩和され、郊外に巨大なショッピングモールが建設されていく。この流れは日本に住むある年齢以上の人であれば、変化をまさに目のあたりにしてきたことだろう。そんなふうに規制緩和によって地方の衰退を進めてきた当人たちが今、「地方創生」とか言っていること自体が大いなる茶番にしか思えないのは私だけではないはずだ。ちなみに政府は地方のシャッター通り対策として、空き店舗への課税強化という方針を打ち出してもいた。なんだか年貢に苦しむ農民にさらに重い年貢を課す悪い殿様みたいな話ではないか。

このように、家族や地域の余力を奪ってきたのがこの「失われた30年」の政治だと思う。それを奪う政治を先頭で進めてきた政党の人間が今、堂々と「共助」を持ち出すことに対して「いや、それ脆弱化させたの誰?」と突っ込みたくなるのだ。

ここまで読んで、「なんでそんなにキレてるのかわからない」という人もいるだろう。それでは「共助」という言葉の実害の例を上げよう。

まず思い出すのは「利根川一家心中未遂事件」。

15年11月、40代の娘が両親とともに車で利根川に突っ込み、両親が命を落とした事件だ。娘は一命をとりとめたものの、殺人と自殺幇助の疑いで逮捕された。

母親は長年認知症を患い、その介護のため、娘は3年前に仕事をやめていた。一家の収入は父親の新聞配達に支えられていたが、事件が起きる10日ほど前、父親が身体を壊してしまう。一家は生活保護を申請するものの、父親は娘に「一緒に死のう」と声をかけ、心中が決行されてしまった。親子は年金収入も貯金もなく、介護サービスなども一切受けていなかった。

この事件を受け、私は現地取材を何度かし、また、一家が暮らしていた深谷市の職員にも話を聞いている。そんな市の職員との面談で、印象に残っていることがある。こちら側が、「もう少し踏み込んだ対応をすべきだったのでは」と言った時のこと。市の職員は「それよりも、地域の見守りとか、地域の人に頑張ってもらわないと」と言ったのだ。

心中事件に限らず、孤独死などが起きると「地域社会の空洞化」が問題になる。が、私はそれこそが「共助」を巡る危険な議論だと思う。

例えば2010年の夏、大阪で1歳と3歳の子どもがマンションに置き去りにされ餓死するという事件が起きた。逮捕されたのは風俗店で働くシングルマザー。子どもは部屋の中からインターホンで母親を呼んでいたが、単身者が多く住むマンションでは、子どもの声に動くような「地域社会」はなかった（通報した人はいたらしいが）。

「地域社会での見守り」。それを、地域の人たちが率先して言うのならまだいい。が、役所の職員が心中事件を受けてそんなことを言うのは大問題だと私は思う。

なぜなら、それは「役所は何もしない」という宣言に等しいからだ。税金から給料が支払われている役所の職員が何もせず、一円ももらっていない、ただそこに住むだけの、その道のプロでもなんでもない人が義務を負うなんて、絶対におかしいのだ。というか、これはただ「行政はちゃんと仕事をしろ」というだけの話なのだ。そして私たちは、そんな「公助」のために税金を払っているのだ。だからこそ「地域社会」なんて、あるかどうかもわからないものに丸投げするなと言っているのだ。

丸投げされるのは「地域」だけではない。時に民間のボランティアにも責任が押し付けられる。

自民党議員の中には子ども食堂の応援などと言う人もいるが、するべきは「子ども食堂が必要なくなるような貧困対策」に他ならない。

ちなみにこの4月から、私の周りの人々は困窮者支援に奔走し、私も時々現場にいるが、コロナ禍で活動を始める時、「とにかく感染しないよう気をつけよう」ということは何度も確認しあった。一人でも感染してしまうと、支援者全員が濃厚接触者になってしまう可能性がある。そうなると、全支援が止まるからだ。

このことからもわかるように、民間のボランティアにはバックアップ体制などない。誰かがコロナで倒れれば支援ストップ、という危うさの中でやっているのだ。こういう状態が危険だから、国が一刻も早い公的な支援制度を、「公助」をちゃんと機能させてくれと、ずーっと要求し、政府交渉も重ねている。が、一向に進んでいないのはご存じの通りだ。

というか、そもそもこの国の「公助」がマトモに機能していれば、コロナで失業し、ホームレス化に晒される人々からのSOSが民間の支援団体にひっきりなしに届くはずなどないのだ。本来であれば公助がフル稼働すべき時に自助ばかりが強調され、共助に対してなんの支援もなく「勝手に頑張れ」と放置されている。そのような状況を知るからこそ、私にとっての共助は「一家心中するまで助け合え」「共倒れするまで助け合え」に思えてしまうのだ。

さて、そんな中でもこの国の「公助」にひっかかれた人はいる。そんな人がどういう状態にあるか、紹介しよう。

ある20代の男性は、コロナの影響で寮を追い出され、生活保護を利用し始めた。「公助」に助けられたラッキーなケースに思えるが、そこからがひどかった。なんと役所から「生活保護を利用する条件は無料低額宿泊所に入ること」と言われ、施設に入れられてしまったのだ（もちろんそんな条件はあり得ない）。ちなみに無料低額宿泊所とは、まさに「3密」の条件が揃ったような場所で、大部屋や相部屋のところが多く、トイレや風呂、食堂も共有。「貧困ビジネス」と呼ばれる劣悪な施設も多く、南京虫がいるなど不衛生な話をよく聞く。

その男性が入れられた無料低額宿泊所は、最寄りの駅から徒歩50分。風呂は午後5時までで門限は9時。門限を3度破れば強制退去。生活保護費としては10万5000円が出ていたが、施設費用として7万9000円が徴収されてしまう。食事は1日2度出るという話だったが、たいした理由のない制裁で1日1食に。携帯電話の料金を払えば月に使えるお金は1万円以下。これでは仕事探しもできないと支援団体にSOSが入り、支援者が駆けつけ、「救出」したという次第である。

このように、困窮者支援の現場には、すでに「公助」につながっていても、それがあまりにも劣悪なので「助けてくれ」と連絡が来ることもままある。これがコロナ禍のこの国の「公助」の一例だ。

もうひとつ、書いておきたいのは、「共助」には女性が利用されるということだ。「良い嫁は福祉の敵」という言葉を知っているだろうか？　私は上野千鶴子さんの『みんな「おひとりさま」』を読んで知った。介護などについて書かれた文章で、上野さんは以下のように書いている。

「高齢者福祉政策も、見直しが必要だ。現在の介護保険は、家族の介護資源があることが前提に設計されている。『日本型福祉』のもとで『家族は福祉の含み資産』と公言することはさすがになくなったが、それでも亀井静香さんのように『子が親を看る美風』を信じている人たちは多い。通訳しよう、『家族は福祉の含み資産』とは、『嫁さんがいるから公的福祉はやらなくていい』という意味だし、『子が親を看る美風』とは『女房に自分の親の介護をやらせるのが、男の甲斐性』となる。だからこそわたしは、『よい嫁は福祉の敵』と言ってきた。最近では自治体の『孝行嫁』表彰はなくなったが、こんなオヤジにつごうのいい制度をよく続けたきたものだと思う」

そう、「共助」は、家庭の中にいる「女」が無償の労働力として搾取されてきた歴史とともにあるのだ。

それにしても、「孝行嫁表彰」って、パワーワードすぎてもう何も突っ込めない。この言葉に、何か昭和のおっさん的価値観のすべてが詰まっているような気がする。他にも「介護嫁表彰」「模範嫁表彰」という言葉もあるようだ。おぞましいとしか言いようがないが、こういう構造が長らく「愛情」なんかに言い換えられてきた歴史があるからやっかいだ。そういえば自民党の憲法草案には、「家族は、互いに助け合わなければならない」と書いてあった。

さて、ここまで「自助・共助・公助」について書いてきたが、そんな私自身も「国に頼る」ことにはどこかで強い抵抗があるし、自分でできることはなんとかしたいと思っている。だけど、コロナが予期できなかったように、人生、いつ何が起こるかなんて誰にもわからない。そんな時に「公助」が機能していてほしいと思うのは、不確定要素が多い時代であればあるほど当然のことだと思うのだ。

何度も書くが、私たちは税金を払っている。だから行政にちゃんと仕事をしてほしい、というだけのことなのだ。そして政治家にも、その自覚を常に持っていてほしい。

(2020/9/9 更新　https://maga9.jp/200909-1/)

⑱ 8月の自殺者、1849人の衝撃

恐れていたことが現実となってしまった――。

その報道を見た瞬間、思った。

それは8月の自殺者数が1800人を超えたということ。前年同月と比較して240人増。男

性は60人増えて1199人、女性は186人増えて650人ということだ。

これほど自殺者が増えたということ、特に女性の増え方が凄まじいことにコロナ不況の影響を如実に感じる。それを裏付ける数字が今年の7月、出ている。非正規で働く人は前年同月と比較して131万人減少。男性が50万人、女性は81万人。それだけの人が突然職を失ったのだ。

ホットラインの相談員をしていても、女性からの「仕事を切られた」「解雇された」「休業補償がなく生活が苦しい」という相談は多い。それもそのはずで、コロナによって真っ先に打撃を受けたのは観光や宿泊、飲食業など。これらのサービス業の支え手の多くは非正規女性たちだった。その多くがなんの補償もなく、突然放り出されてしまったのだ。そしてそんな女性の一部は実際に、ホームレス化にまで晒されている。

女性のホームレス化。

これが、12年前のリーマンショックとの大きな違いだ。

08年、リーマンショックによる派遣切りの嵐が吹き荒れた際、職を失った多くが製造業派遣で働く男性だった。寮住まいの人が多く、住む場所と仕事を同時に失った人のために「年越し派遣村」が開催されたわけだが、そこを訪れた99%が男性だった。

その翌年、公設の派遣村が開催された。民主党政権だったため、年末年始、オリンピックセンターがホームレス状態の人に提供されたのだ。この時、私は公設派遣村に入った女性たちと数人会っているのだが、彼女たちに共通していたのは、「失業」以前に様々な問題を抱えていたことだ。

例えば夫のＤＶから逃げてきたが、住民票を移動できないので仕事ができない、親の虐待から逃れるために家出したが、路上生活となってしまった——等々。また、精神疾患やなんらかの障害がある人もおり、専門的な支援が必要な人が多かったと記憶している。

それが今、「生活に困った」「住む場所を失うかも」と相談してくる女性たちは、「失業」によって即、困窮に晒されている。もちろん、中には家庭環境が複雑だったり精神疾患があったりという人もいるが、そのような問題を特に抱えていない人も多い。失業が即、ホームレス化につながる女性がこれほど存在するというのは、貧困問題に15年関わっていて初めての経験だ。その背景にあるのは、この20年以上かけて「雇用の調整弁」として非正規化が進められてきたこと、特にそれが女性に集中し、働く女性の半数以上が非正規であること、そして同時にこの「失われた30年」で、家族の余力が失われてきたことではないだろうか。

例えばリーマンショックの際、女性のホームレス化が大規模な形で起きなかったのは、家族というセーフティネットが機能していたことが大きいと思う。

家族だけでなく友人や知人を頼った人もいるだろうが、たとえ住まいと仕事を同時に失ったとしても、多くが「実家に帰る」ことでホームレス化を免れることができていた。それこそ前述したように、４人に３人くらいはそうできていた。

そういえば、公設派遣村には「捨て子だった」という若者もいた。捨て子で、里親に育てられ、社会人となって上京して働いていたものの職をなくし実家に帰ったところ、実家そのものがなくなっていたという。もちろん、里親とは連絡もとれないということだった。

さて、そんな「この国の貧困」が可視化された年越し派遣村から、12年。08年には、体感で「4人に1人」だった「家族というセーフティネットに頼れない人」は、今や「3人に1人」「2人に1人」くらいに増えている気がする。

ちなみに非正規の人が多い上、未婚の人も多いロスジェネ（就職氷河期世代。2021年時点で30代後半から40代後半）の私は現在45歳だが、年越し派遣村の時は33歳。12年前は父親が現役で働いていたが、今は定年退職しているという同世代も多くいる。また、12年前に親が病気になったり亡くなったという人もいるだろう。実際、今回のコロナがきっかけで困窮、ホームレス化に晒された人に話を聞くと、親が亡くなったことや親が施設に入ったことがきっかけで徐々に困窮し、最後の一撃がコロナでの収入減というケースは多い。親の年金が、いかに一部現役世代にとっての命綱となっているかがよくわかる話である。

また、年越し派遣村と今の大きな違いとして書いておきたいのは、「若年化が一気に進んだ」ということだ。

年越し派遣村には、20代はほとんどいなかった。30代もわずかで、圧倒的に多かったのは中高年。しかし今、「ホームレスになった」と「新型コロナ災害緊急アクション」にSOSメールをくれる中でかなりの割合を占めるのが若い世代だ。親も貧困で頼れないというケースもあれば、シングルマザー家庭も少なくない。こうした事実を見ても、やはり「家族」は急速に、セーフティネットとしての機能を失っている。

ちなみに、ひと昔前であれば、路上生活になるほど困窮した若者がいれば「うちで働いてみないか」と声をかけてくれる中小企業の人などがいた気がする。が、現在、健康な若者がどれほど困窮していても、そんな言葉をかけてくれる大人はいない。いつでもクビを切れる「雇用の調整弁」の旨味を知ってしまった社会は、「困窮する若者に声をかけて働かせてみる」ことをリスクとしか見なさなくなったのだろうか。

3月から支援活動に関わる中で、「この人、私たちに出会えていなかったら自殺してたかもしれないな」というケースも多々あった。もし自分と立場を置き換えても、それしか選択肢がないほどにひどい目に遭っている人がたくさんいた。そんな現実はコロナで顕在化しただけで、コロナ以前からこの国は満身創痍だったのだ。

ちなみに「住居確保給付金」(収入が減って家賃が払えない人に家賃が支給される制度。上限あり)は4~7月までで前年比で90倍の申請数となっている。家賃も払えないほど困窮する人がそれほど増えているにもかかわらず、このまま行けば住居確保給付金の支給は早い人で年末には切れてしまう。この時期、また自殺者が増えたならそれは完全に「政治の無策」だ。

言いたいこと、要求したい制度はたくさんある。

が、まずは「必要な人には、何度でも給付を」と言いたい。できるだけ、簡単な手続きで。それで救える命は確実に、多くある。

(2020/9/23 更新　https://maga9.jp/200923-2/)

⑲ 各種制度の説明文、日本語おかしくないですか?

あと少しで、東京に緊急事態宣言が出された4月7日からちょうど半年となる。

「新型コロナ災害緊急アクション」には、今も連日のように緊急度の高いSOSが寄せられている。

一方、夏頃から耳にするのは「給付金が尽きた」という声だ。持続化給付金や特別定額給付金でひと息つけたものの、それが尽きた人たちからの悲鳴が絶えないのだ。

また、今になって「なんとか貯金を切り崩しつつやってきたけれどそれも尽きた」という声も届いている。そもそも、コロナで仕事を失うなどしても全員がすぐ困窮に陥るわけではない。貯金が数百万円あれば当面の心配はないが、数万円という人はすぐに路頭に迷う。このように人によって「時差」があるので、今後、「貯金が尽きた」という声は増えることはあっても減ることはないだろう。

そうしてこのまま行けば、年明けには、住居確保給付金の支給が切れる人が続出する。この制度の支給は最長9ヶ月で、4月から受給を始めた人は年末に期限を迎えてしまうからだ。このままでは、年明けそうそう大量ホームレス化が起きてもおかしくない状況だ。

そんな事態を受け、9月25日、つくろい東京ファンドや住まいの貧困に取り組むネットワークが厚労省に住居確保給付金の延長などを求めて申し入れを行った。

厚労省にはぜひ対応してほしいと思っているが、同時に求めたいのは、住居確保給付金をはじめとした各種制度の「使い勝手の悪さ」をなんとかしてほしいということだ。

例えばこの半年間で、多くの人がさまざまな公的制度を使ったり調べたりしたと思う。企業が申請する雇用調整助成金。個人で申請できる休業支援金。また社会福祉協議会の貸付金や中小企業やフリーランスのための持続化給付金などなど。

が、それらの制度を使ってみて、あるいは使おうとして、「この制度は使いやすかった!」「わかりやすかった!」「申請が簡単だった!」と即答できる人はどれくらいいるだろう?

例えば住居確保給付金はリーマンショックを受けて作られたものだが、あまりの使い勝手の悪さにこれまで使う人が滅多にいない制度だった。というより、「支給要件」を満たすことが奇跡に近かった。コロナ以前は「65歳未満」「離職・廃業から2年以内」「ハローワークに登録して求職活動をすること」をすべて満たしていなければならない上に、他にも細かい条件がいくつもあった。「65歳未満」などの要件はコロナで撤廃されたのだが、例えば厚労省のサイトには、「対象要件」として以下のような記述がある。

「主たる生計維持者が離職・廃業後2年以内である場合　もしくは個人の責任・都合によらず給与等を得る機会が、離職・廃業と同程度まで減少している場合」

「直近の世帯収入合計額が、市町村民税の均等割が非課税となる額の1／12（以下、「基準額」という）と、家賃（但し、上限あり）の合計額を超えていないこと」

この記述を見て、「あ、自分は対象だな／対象外だな」とピンとくる人などいるだろうか？

住居確保給付金に限らず、このような「役所用語」満載の記述は、コロナ禍で途方に暮れる人々を苦しめている。こういう言葉、私はもう法律で禁止するくらいにしてほしいと常々思っている。

なぜなら、難解な説明によって、あえて制度利用から人を遠ざけているようにしか思えないからだ。この記述自体が、思い切り「バリア」として機能してしまっている。各種制度を使おうとしても、この難解な記述を目にした途端、かなりの割合の人が諦めているという確信が私にはある。

説明だけでなく、制度自体もわかりやすく、手続きも簡単にしてほしい。

というか、私はそもそもコロナのために作られたのではない住居確保給付金が、制度の微調整を繰り返して半年以上使われていることにも違和感がある。

なぜ、半年以上経つのに、誰もが使いやすい「住まいを失わない制度」が新たに創設されないのだろう。これでは「制度の迷子になれ」と言っているようなものではないか。

民間企業であれば、「利用者目線」は基本中の基本だ。が、役所にはその視点がない。だからこそ起きている「役所用語」バリア。この「翻訳」こそが、喫緊の課題だと私は思う。

だって、困り果ててやっとのことで「こういう制度がある」とわかって、その制度の名前で検索して、真っ先に出てくる説明が「主たる生計維持者」とか、嫌がらせかよ？　って感じではないか。少なくとも私だったらこの時点で心が折れる。

コロナ禍で様々な立場の人が困っている今、役所言葉の「バリアフリー化」を、切に求めたい。これって地味なようで、ものすごーく重要な問題だと私は思う。

（2020/9/30 更新　https://maga9.jp/200930-3/）

⑳任命拒否という「見せしめ」〜日本学術会議問題での菅政権のメッセージ

菅政権が始まったばかりだというのに、「末期症状」と言いたくなるようなことが続いている。例えば9月末の自民党議員・杉田水脈氏の「女性はいくらでも嘘をつけますから」という発言。その後、杉田議員はブログで謝罪したものの、これまでも多くの失言が見られた杉田議員に対して、自民党は口頭注意をしただけだ。

そんな騒動と同時進行で起きたのが、日本学術会議の任命拒否問題。

拒否された6人は、それぞれ政府の方針に異を唱えた経緯があったことが注目されている。翌日のワイドショーなどでは、「こういうことをしたから拒否されたのでは」などの憶測が飛び交っていたが、それを見ながら、私は静かに戦慄していた。こんなことがまかり通ってしまうのであれば、「政府を批判した」という事実そのものがゆくゆくは「前科」のような扱いになっていくのでは、と。

安倍政権の後半くらいから、常々思っていたことがある。それは、近い将来、政府批判をする人たちは「反社会性〇〇障害」みたいな形で「病気」「精神疾患」というレッテルを貼られていくのではないかということだ。そういう形にすれば言論は無効化され、場合によっては予防拘禁さえ可能になるかもしれない。そのようなことを漠然と考えていた身にとって、見せしめ的な排除がこれほど露骨に始まったことに戦慄したのだ。

この8年間、安倍政権は「敵」を名指し続けてきたことは前述した通りだ。同時に私たちはこの8年間、テレビから安倍批判をする人々が消えるのを見てきた。

例えばネット上で多くの人から執拗な攻撃を受けている精神科医の香山リカさんは、『創』10月号の連載で以下のように書いている。

「ここ十数年、とりわけこの5〜6年、私はネットを中心に多くの批判を浴びてきた。本を書いたり新聞でコラムを連載したりしているので批判は当然とは思いながらも、あまりの量、質に『なぜここまで』と少しは痛手を受けることもあった。たとえば、ある放送局の番組に出たところ、その制作部署とはまったく関係ない政治部からトップの人間が飛んできて、私の出演に関して周囲にも聞こえるような声で嫌みを言った、と担当ディレクターが教えてくれたことがある。そんなことがあると、当然、その部署のスタッフは『この人をキャスティングすると厄介なことになるんだ』と思い、控えるようになるだろう」

それだけではない。自治体などが主催する講演が、妨害予告を受けて中止になったことも一度や二度ではないという。そんな香山さんは、第二次安倍政権発足時、安倍元首相にSNSで「論外」と名指しで批判されている。

メディア出演の場、講演の場を奪われるというのは、口を塞がれるのと同様に収入を失うことでもある。その点、香山さんは精神科医であり大学教員でもあるから収入面の心配はなさそうだ。しかし、もしこれがメディア出演が収入の多くを占める言論人だった場合、どうなっただろう？仕事を失うことを恐れ、積極的に「政権寄り」の発言をするようになるかもしれない。実際、メディアにはこの8年間でそのような人が目に見えて増えた。そんな「批判が許されない空気／批判したら干されるかもしれない空気」は、菅政権で強化されることはあってもなくなることは決してないだろう。

となると、今後、多くの人が「寝返って」いくかもしれないという「最悪の予想」もしている。多くの言論人は、香山氏のように医師ではない。大学教員は多いが、そうでない言論人は自然と口をつぐむようになってしまうかもしれない。私はこのような空気が、率直に、非常に怖い。それぞれが牽制し合い、時に密告するような空気が「勝手に」作られていったら。それはほぼ地獄である。

もう一人、政権側の「見せしめ」として思い浮かぶのは前川喜平さんだ。前川さんと言えば、文部科学事務次官だった17年、加計学園問題の「総理のご意向」文書の記者会見を開いたら「出会い系バー通い」が新聞や週刊誌で報復のように報じられたという人である。前川さんはバー通いを女性の貧困調査と主張し、実際、のちにバーで前川さんに話を聞かれていた女性もメディアに登場して前川さんの潔白を訴えたわけだが、「バー通い」が報じられた際の菅氏の「冷笑」を、私は今も覚えている。

「貧困問題のために出会い系バーに出入りし、かつ女性に小遣いを渡したということでありますが、さすがに強い違和感を覚えましたし、多くの方もそうだったんじゃないでしょうか。常識的に、教育行政の最高の責任者がそうした店に出入りし、小遣いを渡すようなことは到底考えられない」

一人の人間の社会的生命を奪うには十分すぎる、侮蔑に満ちた表情だった。普段、滅多に顔に感情を出さない菅氏だったからこそ、この時の意地悪な笑いは非常に強く印象に残っている。

ちなみにこの騒動からだいぶ経った後も、記者が前川さんについて質問した際、菅氏が心からバカにしたように「あの人は、だってああいう人ですから」というようなことを薄笑いを浮かべて言うのを見たことがある。その顔を見て、ある一人の人間の発言や力を「無効化する」って、こういうやり方でやれてしまうんだ、と心底怖くなったことを覚えている。

そんな表情は、官房長官時代、特定の記者に対してもなされてきた。東京新聞の望月衣塑子記者だ。彼女の質問に対して、「あなたに答える必要はありません」などと発言してきた菅氏。それだけでなく、気に入らない質問をする人に対してわざと黙る、その人がトンチンカンな質問をしているかのような空気をあえて作り出す、という手法は嫌というほど目にしてきた。そんなものを見るたび、なぜ、これほどの嫌がらせが公然と行われていることに誰も異議を唱えないのだろう、と心底不思議に思ってきた。

当たり前だが、安倍元総理も菅総理も、その立場ゆえ、莫大な影響力を持っている。そんなふうに力を持つ者は、その権力を決して個人攻撃に使ってはいけないと私は思う。しかし、その大前提すらこの8年で崩れ、今、さらにタガが外れているように思えて仕方ない。そんなこの8年の流れから日本学術会議の問題を見ると、任命拒否は「これからさらに激しく個人攻撃を始めるからせいぜい気をつけろ」という政権のメッセージにすら思えてくるのだ。第二次安倍政権は、発足早々「生活保護基準引き下げ」を発表することで「弱者は見捨てるぞ」というメッセージを打ち出し、実際、そのような政治が行われてきた。が、菅政権のメッセージはさらに悪質ではないだろうか。

今、とても不安だ。どうか「最悪の予想」が当たりませんように。祈るように思っている。

（2020/10/7 更新　https://maga9.jp/201007-1/）

㉑『日没』と日本学術会議～「不当に恵まれている誰か」を敵と名指した十数年

日本学術会議の任命拒否問題が注目される中、恐ろしい小説を読んだ。

それは9月に出版された桐野夏生さんの『日没』。

帯には、「ポリコレ、ネット中傷、出版不況、国家の圧力。海崖に聳える収容所を舞台に『表現の不自由』の近未来を描く、戦慄の警世小説」とある。

主人公は作家のマッツ夢井。彼女のもとに「総務省文化局・文化文芸倫理向上委員会」から「召喚状」が届くところから物語は始まる。

召喚状では、「出頭」が要請され、日時、場所が指定されている。

「当地では、若干の講習などが予定されています。宿泊の準備等、お願いします」。病気などで出頭できない場合は医師の診断書が必要など、有無を言わせない迫力を漂わせている。

出頭日は明後日で、場所は千葉県の海辺の町。

そうして「文化文芸倫理向上委員会」の職員に案内されたのは、刑務所か秘密基地のような「療養所」。ネット環境もないのでスマホも通じず充電もできず、制服に着替えさせられ、粗末な個室と粗末な食事を与えられる。家に帰りたいと言っても帰れない。そして連れてこられた理由は

「更生」のため と知らされる。

「こちらで、ご自分の作品の問題点をしっかり見据えて認識し、訓練によって直されてからなら、お帰りになることができます」と職員は言い、続ける。

「私たちは、あなた方作家さんたちに、社会に適応した作品を書いて頂きたいと願っているのですよ」

適応した作品とは、「正しいことが書いてある作品」。

この「収容」の根拠となるのは一年半前に成立した「ヘイトスピーチ法」。それを機に、「あらゆる表現の中に表れる性差別、人種差別なども規制していこうということになった」と職員は言う。ヘイトスピーチは表現ではなく扇動、差別そのもので自分の作品がそれと一緒くたにされるのは間違っているといくら言っても「文化文芸倫理向上委員会」の職員は「文句は政府に言ってください」と聞く耳を持たない。

マッツ夢井の作品が問題とされたのは、「読者からの告発」。レイプや暴力、犯罪をあたかも肯定するかのように書いているという内容の告発だった。

マッツ夢井の小説を読んだという職員も、彼女の作品を異常だと断じ、「先生、一度精神鑑定とかを受けてみたらどうですか？」と恐ろしいことをさらりと言う。

時が経つにつれ、さらに彼らの本音が見えてくる。

「先生方が無責任に書くから、世の中が乱れるということがわかっていない。猥褻、不倫、暴力、差別、中傷、体制批判。これらはもう、どのジャンルでも許されていないのですよ。昨日は言いませんでしたが、先生は文芸誌の対談で、政権批判もされてますよね。いえ、否定しても証拠がありますから。私たちは、ああいうことはやめて頂きたいんです。ええ、心の底から。作家先生たちには、政治なんかに口を出さずに、心洗われる物語とか、傑作をものして頂きたいんですよ」

主人公は怒り、混乱し、怯える。

「愚昧な人間たちが、小説作品を精査して偏向もしくは異常だと断定し、小説を書いた人間の性格を糺そうとしている。これほど恐ろしいことはなかった。療養所。そして、精神鑑定。その先には何があるのだろう」

しかし、逆らえば「減点」され、減点1で入院期間が一週間延びる。そんな「作家収容所」には、多くの作家が収容されているが会話は禁止。話したのがバレると共謀罪を適用される。

生活は常に欠乏と隣り合わせだ。

「腹が減る。トイレットペーパーがなくなる。電話ができない。メールもLINEもできない。ネットが使えない。監視されている。仲間と話せない。出て行きたいのに出て行けない。こうして、すべての自由を奪われたことを認識すると、人は従順になるのだろうか?」

療養所に来る前に耳にした、「最近、作家がよく自殺する」という噂。演劇界や映画界でもこのところ多い訃報。マッツの前にこの個室を使っていたのだろう作家の遺書には、小説の前後の文脈を無視してその箇所だけを切り取られ、「人種差別作家」というレッテルを貼られたという嘆きが綴られている――。

「嫌な人間を書かせたら世界一」の桐野夏生が、とっておきの嫌なシチュエーションで嫌な奴ばかり登場させるのだから面白くないわけがない。

夢中になって読みながら、何度も「これ、今の日本で起きてることとどう違う？」とスッと背筋が寒くなった。物書きとして20年生きてきた私にも思い当たるようなエピソードがところどころにちりばめられ、ざわついた気持ちになること数知れず。特にＳＮＳが普及してからの「悪意ある切り取り」や、炎上、密告を恐れて萎縮するような、誰も信用できないような、なんとも言えない嫌な空気感が終始まとわりついてくる。

そんな中、職員がマッツ夢井だけでなく、療養所に来る作家全般に悪意を抱いていることも強調される。

「自分の薄汚い妄想を書き連ねるだけで金が貰えるなんて、そんな世の中、大いに間違っていると思いますよ」

「作家先生」は好き勝手なこととして金稼いで偉そうにして、という鬱屈した思いは、職員たちの多くの言動から垣間見える。実際に口にする者もいる。

さて、そんな『日没』のシーンを彷彿とさせるようなものを今、あちこちで目にする。日本学術会議の任命拒否問題が報じられる一方で、学者たちがいかに「恵まれているか」を伝えるメディア。年金の情報など正確でないものを打ち出していかに「既得権益」であるかを主張する人。橋下徹氏もツイッターで「税金もらって自分の好きなことができる時間を与えてもらって勉強させてもらっていることについての謙虚さが微塵もない」などと書いている。それに対して、気が遠くなるほど多くの人が賛意を示している。

なんだか、あの小説の世界が現実にふっと漏れ出したような気がした。「税金でよくわからない学問をする学者先生」に対する漠然とした反発。誰かが「不当な特権」を持ち、「不当に恩恵に浴している既得権益」であるかのように名指して非難するやり方。

が、このようなバッシングは、もう見飽きてきた光景だ。

公務員バッシングに始まり、生活保護利用者までが「特権」とバッシングされてきたこの十数年。そうして現在は、障害者など公的ケアの対象となる人々までが「不当に特権を享受している」とバッシングされる始末だ。障害者ヘイト、子連れヘイトという言葉まである。そうしてこの手のバッシングを遡れば、郵政民営化に辿り着く。どこかに「既得権益」があると言われ、それをブッ潰せばこちらに何か「得」があるかのように思い込まされ、常に何かを叩いてきた十数年。

さて、その果てに、あなたのもとに恩恵はもたらされただろうか?

おそらくまったくないはずだ。なぜなら、それはガス抜きのために準備されたものだからだ。

「こいつが悪い」と敵を名指され、叩いているうちは充実感もあるし正義感も満たされるし「これで自分の生活は少し良くなる」という希望も持てるだろう。しかし、そんなことを繰り返しているうちに、97年をピークとして子育て世帯の年収は100万円近く下がり、非正規雇用率は4割近くに達した。コロナ不況では非正規層をはじめとして多くの人があっという間に職を失ったわけだが、その怒りは政治には向かわず、誰かが名指した「敵」に向かう。そして今、「こいつらが既得権益だ！」と名指されているのが日本学術会議というわけだ。

『日没』の世界が描く、最悪の「近未来」までのカウントダウン。それは、すでに始まっている。

(2020/10/14 更新　https://maga9.jp/201014-2/)

㉒コロナで路上に出たロスジェネへの、あまりにも意地悪な仕打ち

「やっとだね！」

「本当によかった！」

「でも、長かった……」

10月22日午後4時、私たちは杉並区・高円寺の福祉事務所でそう言い合った。この日、ここに揃ったのは立憲民主、共産党、無所属などの超党派の杉並区議が5人。応援のために駆けつけた

他の地区の区議、市議、そして生活困窮者支援をする人々、約20人。当事者が2人。「新型コロナ災害緊急アクション」からは瀬戸大作さん、稲葉剛さん、そして私が参加した。メディアの取材も数社入っている。

この日行われたのは、新型コロナ災害緊急アクションによる、杉並区への申し入れ。その内容は、一言で言うと「アパート転宅させてほしい」というものだ。

新型コロナ災害緊急アクションで困窮者支援をしていることは書いてきた通りだが、生活保護申請にも同行している。私も同行しているのだが、例えば所持金13円だった吉田さんの場合、4月13日に申請、5月6日にはアパートに移っている。その間は、都が用意したビジネスホテルに宿泊。ゴールデンウィークを挟んでいたというのに、3週間ほどでアパート生活を始められたのだ。その後、吉田さんは生活保護を受けながら働いている。コロナで仕事はまだ十分にはないが、この調子でいけば、生活保護を廃止できる日も近いと思う。

さて、これが特別なケースかと言えばそうではない。コロナ禍の中、厚労省は生活保護に関して、迅速に保護を始めるように通知を出している。

また、住まいがない状態で生活保護申請をすると、無料低額宿泊所などの相部屋、大部屋の施設に入れられることもあるのだが、厚労省はコロナ禍を受け、原則個室に案内するよう通知を出している。このようなこともあって、コロナ以降、住まいがない状態で申請した人々は比較的すみやかにアパート生活に移行しているのだが、なぜか杉並区はいろいろと難癖をつけてアパートに移行させないのだ。しかも現時点で何人かがアパート移行を阻まれている。

10月13日、そのうちの一人・斉藤さん（仮名・41歳男性）の面談に同席した。斉藤さんとはその少し前にも会っていて、杉並区がなかなかアパート転宅を認めてくれないことを聞いていた。しかし、どこかで半信半疑の自分がいた。今はどこの区でもアパート転宅してるんだから大丈夫だろう、しかも斉藤さんは若いし、就労意欲も非常に高い。

一方で、気になることもあった。それは所持金がほぼない状態で生活保護申請をした斉藤さんに、杉並区は2週間で5000円の一時金しか出さないと言ったこと。他の区であれば一日あたり2000円ほど出されるが、この場合、一日あたり360円ほどだ。このことについて難色を示すと、相談員は「こう言っちゃなんですけど、斉藤さん、路上生活してますよね？」と言ったという。完全にアウトな発言だ。

さて、ここで斉藤さんが杉並区の福祉事務所に至るまでの経緯を書きたい。

41歳の斉藤さんはこれまで製造派遣や警備の仕事をしてきた。勤務先は全国各地。多かったのは「寮付き・日払い」の仕事。コロナが流行り始めた頃はやはり寮付き・日払いの警備会社で働いていたという。が、建築や工事の現場が止まり、仕事がなくなる。

寮を出たのは、特別定額給付金の10万円が出た6月末頃。貯金と合わせて20万円はあったのでシェアハウスに入ろうと思い、ちょうどいいところが見つかった頃、駅ビルのトイレに全財産が入った財布を置き忘れてしまう。慌てて戻ったものの、お札はすべて抜かれており、交番に駆け込んだが「お札だけ抜かれたらなんにもできない」と言われてしまう。

そこから一ヶ月ほど、都内の公園でやむを得ず野宿した。そのうちに季節は夏になりどんどん暑くなる。日中はエアコンが効いているパチンコ屋の休憩室で過ごし、一週間500円ほどで生活したという。銀行にある数千円が最後のお金だったので、数本入りのパンを買って3日持たせたり、水は公園で飲んだり。そんな中で見つけたのが、仕事の紹介をしてくれるというNPO。そこで宮城県に派遣の仕事があると知る。しかし、すぐにでも働きたいのに面接は5日後。

ちょうどお盆明けの頃だった。この頃、斉藤さんは「新型コロナ災害緊急アクション」と一度目の接触をしていた。NPOに教えてもらったのだ。連絡を受けた瀬戸大作さんは、その日のうちに斉藤さんのもとに駆けつけた。瀬戸さんはこの時、住まいも所持金も乏しい彼に生活保護という手もあることを伝えたという。が、「自分でなんとかしないといけない」という思いがあった斉藤さんは宮城に。交通費は会社が出してくれたという。

そうして宮城に着いて寮に入ったが、そのまま2日待機となった。この時点で、所持金は尽きていた。3日目、やっと仕事に入れることに。一日働けば、とりあえず仕事の後に2000円もらえると聞いていた。朝、マイクロバスに乗る前に検温。この時点で36・6度だった。しかし、バスが工場に着いて検温したところ、37・1度。37度以上だと仕事に入れず48時間待機と言い渡されてしまう。48時間経過後、体温を測って熱がなければ働けるという説明。しかし、この時点で所持金ゼロ。これでは生活できない。そのことを派遣会社に訴えるも、「3日後に確実に働けるかわからない人を寮にいさせるわけにはいかない」と出されてしまった。

こうして斉藤さんは、縁もゆかりもない宮城で住まいを失ってしまう。交通費がないので東京にも戻れない。近隣で仕事を探してもコロナ禍の中、見つからない。仕方なく役所に行くと、「自立支援センター」のようなところを紹介すると言われたが、「東京から来て3日で熱が37度以上ある人とは会えません」と施設の人に言われてしまう。

そこで役所はPCR検査を勧めてきた。が、検査はタダだが診断書にお金がかかるということで、生活保護の利用を勧められた。

そうして生活保護を利用することにして、検査。結果は陰性。その日のうちに市営住宅に入ることができたという。が、8月後半でまだ気温は34度あったというのに、部屋にはエアコンがなかった。また、役所の説明では、この市営住宅にいられるのは2週間で、「寮付きの仕事を探して出ていくしかないですね」とのこと。このような説明は非常に雑で当事者を不安にさせるものだと思うが（別に市営住宅にいられる期間が法的に区切られているわけではないし、寮付きの仕事を探せという指示をする権利は役所にはない）、「素人が言葉では勝てないし、他に泣きつくところもないから」それから5日間、必死で仕事を探した。猛暑の中、30分歩いて毎日ハローワークに行き、帰ってからもネットで調べ、保護費が少しまとまって出てからは、勤務先を東北6県に広げ、製造派遣だけでなくリゾートバイトも探した。しかし、コロナの影響でいくら探しても仕事はない。これからの不安がどんどん大きくなり、一睡もできない日もあったという。

そんな時、思い出したのが瀬戸さんだった。メールすると、瀬戸さんは宮城にいるより東京に戻ってくることを勧めた。斉藤さんは役所に事情を話し、生活保護を廃止して東京に戻る。運良く杉並区にある支援団体のシェルターが空いていたので、そこに入ることにした。そうして9月なかば、生活保護申請をしたのである。

生活保護申請は無事に認められた。が、前述したように、他の区では一日あたり2000円程度出る一時金が一日あたり360円しか出なかったのだ。その理由が、「こう言っちゃなんですけど、斉藤さん、路上生活してますよね？」というもの。コロナで仕事を失った彼は確かに一月ほど野宿をしていた。野宿をしていたんだから300円ちょっとで生きられるだろ？　というのは確実に、誰が聞いても差別である。

これについては同席した瀬戸さんも抗議し、結局10日で7000円が出ることに。一日700円は他区と比較して少ないが、とりあえずこの額で決着したようだ。

そんな斉藤さんと初めて出会ったのは、それから半月後の9月末。その頃から杉並区がなかなかアパート転宅させてくれないという話を聞いていた。よって10月13日、役所の面談に同行したのだが、役所のあまりにも頑なな態度に驚いた。

他の区では、保護決定と同時にアパート探しをすることが普通に認められているのに（場合によっては申請の日からアパート探しを勧められる)、「3ヶ月から6ヶ月、生活を見せてもらわないと判断できない」の一点張りなのだ。その間に、金銭管理ができるか、ゴミ出しができるかなどが「判定」されるらしい。路上に一度でも出たらそのような対応をしているとのことで、たまたま不運が重なって一月ほど野宿になったことが、「マトモにアパートで一人暮らしができない人間なのでは」という疑念に繋がっているようなのだ。というか、そういう偏見で斉藤さんを見ているようにしか思えないのだ。

しかし、ここまで書いてきたように、斉藤さんは就労意欲が非常に高く、生活保護を勧められても「自分でなんとかする」と宮城の派遣先に行くような人である。生活保護の利用を始めてからも、「すぐに働きたい」と意欲を見せている。実際、13日にはなぜ自分がアパート転宅をしたいか、理由をはっきりと述べていた。今まで寮付きの仕事をしてきたが、仕事と住む場所を同時になくす経験を何度もしてきた。41歳という年齢もあり、住まいを安定させたい。また、ある仕事の国家資格を持っていて、その仕事に就きたいが、住民票がない状態ではその仕事につくことが難しい。様々な書類を揃える必要もあるので、まずは住まいを定めたい。今いるシェルターで住民票をとってアパート転宅して住民票を移動したら、書類をまた一から揃えないといけない。書類が揃わない間は仕事ができなくなる可能性があるのでそれは避けたい。

これほど明確な理由はないと思うのだが、福祉事務所はのらりくらりと「生活を見せてもらわないと」と繰り返す。「これをクリアできたらOK」という基準があるならまだいい。その上、「○

月のこれくらいまでにはできますよ」と期限が決まっているならまだ耐えられる。しかし、「いつまでとは言えない」と繰り返すばかり。結局、明確な基準はなく、向こうのさじ加減なのだ。これでは生殺与奪の権利すべてを福祉事務所に握られているようなものである。面談の途中、斉藤さんは言った。

「今、必死でモチベーション保ってるんですよ。何もない中、モチベーション保つのどれほどキツいかわかります？　そんなんだったら転宅するまで何もしませんってなりますよ」

しかし、求職活動をしているかどうかは厳しくチェックされるのだ。が、今のままでは面接に受かっても住民票がなく書類が揃えられないので希望の職には就けないだろう。

これでは延々と「無駄な努力」をさせられるようなものではないか。

話を聞きながら、なんだかその人が従うかどうか、福祉事務所に「頑張り」を見せることによってしか超えられないハードルが彼の前に高くそびえているような気がしてきた。これは完全に嫌がらせであり、寄り添うはずの福祉が、斉藤さんにとって人生の壁になってしまっている。

結局、この日は1時間交渉した結果、「今週中に電話します」ということで話は終わった。しかし、次の日、彼にかかってきた電話の内容は、「2ヶ月はアパート転宅は認められない」という返事。すぐにでも働きたいという斉藤さんに、どうしてそれを邪魔するような仕打ちをするのだろう。

この返答を受けて、私たちは杉並区に申し入れをすることになったのだ。

10月22日午後2時、杉並区の福祉事務所には約20人が集まった。当事者は斉藤さんと、アパート転宅がまだ認められていないもう一人。そうして午後2時、話し合いが始まる。前回の面談は係長。今回はそれに加えて所長が出てきたものの、平行線が続く。が、アパート転宅を渋る理由として所長が言った言葉に一同、どよめくシーンがあった。それは斉藤さんが「職を転々としてきた人だから」というものだ。

確かに彼は職を転々としてきた。しかしそれは本人だけの責任と言えるのか？　短期派遣や日雇いなど、細切れの雇用を広めてきたのは政治であり、派遣法ではないか。

これには斉藤さんも憤りをあらわにした。

「職を転々って言うけど、派遣法って知ってますか？　派遣でしか働けなかったんです。一度そうなると、寮付き・日払いでしか働けなかったんです」

彼の言う通りで、寮生活は、職と住む場所を同時に失う。そうなると次の職を探す時の条件がどうしても「寮付き・日払い」になってしまう。その日からの寝場所と現金がどうしても必要だからだ。そんなスパイラルから抜け出せない人々をこの十数年間、山ほど見てきた。そしてその一部が今回のコロナで、あっという間にホームレス状態になるのを。福祉事務所は本来であればそうやって助けを求めてきた人に寄り添うべきなのに、なぜ、彼の行く手を阻むような対応なのだろう。早くアパート転宅をすれば斉藤さんならおそらくすぐに仕事も決まって、そうすれば生活保護を廃止するのだって早くなるはずなのに。私は福祉事務所の発想が、合理的ですらないことがまったく理解できなかった。これじゃあただの意地悪ではないのか。

そうして2時間にわたって交渉した結果、やっと彼のアパート転宅が認められたのだった。もう一人のアパート転宅も認められた。大の大人が20人近く集まって、そのうちの大半が生活保護問題のプロで、それがこれだけ集まって交渉してやっと、である。もし、斉藤さんが一人だったら。そう思うだけでゾッとする。

最後に、今後、彼にしたような「3ヶ月から半年は生活を見せてもらう」ようなことはもう利用者に言わないでほしいと確認すると、それについては了承してくれた。

それにしても、なぜ、杉並区でこのような謎のローカルルールがまかり通っているのか。全国各地の福祉事務所で、法律にまったく基づかない「変なローカルルール」が慣習として根付いていることは知っていたが、杉並区がこれほど意地悪な対応をしているとは思わなかった。

「コロナでホームレス状態になった人の支援をしている」と言うと、たまに「なんでそういうことになるの？　自己責任じゃないの？」なんて言われることもある。

しかし、ここまで読んで、なぜ、それまで働いていた人がホームレスになるのか、理解して頂いたと思う。職と住まいを同時に失う寮付きの仕事。熱がちょっと上がっただけですべての予定が狂ってしまうコロナというやっかいな病気。一人でも感染者、疑いがある人が出ただけですべての現場が止まる職場も少なくない。

そうして忘れたくないのは、私たちの生活の多くの便利は、不安定雇用の人々の働きによって支えられているということだ。なのに、今、そんな人々がなんの補償もなく放り出されている。

さて、うまくいけば斉藤さんは11月にはアパート生活だ。彼にいい仕事が見つかることを、心から祈っている。

(2020/10/28 更新 https://maga9.jp/201028-2/)

㉓米大統領選と、法廷でトランプ礼賛を続けた植松死刑囚

アメリカ大統領選が終わった。

バイデン大統領の誕生となり、4年間にわたる分断と対立と憎悪と差別を煽るトランプ政治が終わったことに今、ひとまず胸を撫で下ろしている。

「私は分断ではなく結束を目指す大統領になると誓います」「対抗する人を敵扱いするのをやめましょう」「人種差別を根絶します」、そして「私に投票しなかった人のためにも働きます」。

このような「マトモな」言葉を聞いて、この4年間、随分異常な言葉に慣らされてきたのだということに気づいた。そうして思い出したのは、相模原事件の植松死刑囚のことだ。

２０２０年1月に始まった相模原事件の裁判を、私は傍聴し続けてきた。横浜地裁の法廷で、植松はトランプ氏の名前を何度も口にした。

例えば初めての被告人質問（1月24日）では、突然トランプ氏の礼賛を始めている。

「とても立派な人。今も当時もそう思います」

弁護士に「どこが？」と聞かれると、「勇気を持って真実を話しているところです。メキシコ国境に壁を作るとか」

「それはいいこと？　悪いこと？」と弁護士に問われると、「わかりませんが、メキシコマフィアが怖いのは事実です」

その後も植松は続けた。

「トランプ大統領はカッコ良く生きてるな、生き方すべてがカッコいいと思いました」

「見た目も内面もカッコいい」

「カッコいいからお金持ちなんだと思いました」

そんなトランプ大統領からの影響を聞かれた植松は、言った。

「真実をこれからは言っていいんだと思いました。重度障害者を殺した方がいいと」

トランプ氏は「障害者を殺せ」などと一言も言っていないのだが、植松はそう「受信」したのであろうか。

また、事件前、植松は多くの友人たちに事件の計画について話しているのだが、その際、以下のように述べている。

「知ってるか、世界でいくら無駄な税金が使われているか。世界に障害者が〇〇人いて、そのために〇〇円も税金が無駄になっている」「殺せば世界平和に繋がる。トランプ大統領は殺せば大絶賛する」「トランプを尊敬している。自分が障害者を殺せば、アメリカも同意するはず」

なぜ、凄惨な事件を起こすことでトランプ氏が「評価」してくれると確信していたのか。

事件を起こす5ヶ月前、植松は衆院議長に「障害者470人を殺せる」などと書いた手紙を出したことで措置入院となるのだが、退院数日後にも異様な行動をとっている。

友人の結婚式の二次会に「トランプをイメージした」という服装で現れ、人目を気にせず大麻を吸い、「障害者はいらない」と話し続けて友人たちをドン引きさせたのだ。ちなみに「トランプをイメージした」格好とは、髪は金髪、黒いスーツに真っ赤なネクタイという姿。事件直前、植松はTwitterに同じような姿の自身の写真とともに「世界が平和になりますようにbeautiful Japan!!!!!!」と投稿しているが、あの姿はトランプ大統領のコスプレなのだ。

また、事件が起きたのは16年7月だが、植松は裁判で、アメリカの大統領選がその年の11月に行われたことに触れ、その後に自分が事件を起こすと「トランプみたいな人が大統領になったからこんな事件が起きたと言われるのでは」と思ったので、その前に事件を起こしたとも述べている。日本で起きた障害者殺傷事件を「トランプが大統領になったからだ」と考える人などいないと思うのだが、植松は、自らが事件を起こすことが「トランプに迷惑をかける」と思い込んでいた。見る人が見れば、「この事件の犯人はトランプの影響を受けたのだろう」と気づくと思っていたのである。

あの事件がトランプ氏のせいで起きたなどと言うつもりは毛頭ない。

しかし、トランプ氏の「剥き出しの、暴力的な本音」とも言える発言は、何かのタガを外したのは事実だと思う。「綺麗事や建前を言ってた奴らが何かしてくれたか?」と理想を語る人を陳腐化し、連帯ではなく分断の種をばらまき続けた4年間。

友人や元カノの証言によると、植松は16年頃からトランプだけでなく、イスラム国やドュテルテ大統領に関心を持つようになったという。イスラム国に関しては、「恐ろしい世界があるなと思いました」と否定的に見ている様子だ。一方、ドュテルテ大統領のことは高く評価し、裁判で「覚せい剤を根絶するのは大変な仕事だと思いました」と話している(そのせいで、無実の人が大勢殺されているのだが)。

トランプとドュテルテ大統領の両者に共通するのは、賛否が分かれながらも支持する人々は「誰も言えなかった、できなかったことをやった」と熱烈に支持する点だろう。排外主義で、「敵」を設定して憎悪を煽るやり方も似ている。

そんなふうに事件前、世界情勢に興味を持ち始めていた植松は、ヤフーニュース等のコメント欄にたくさんの書き込みをしていたことは有名だ。「イイネしかできないSNSと比べてワルイネ(bab)が新鮮」だったという(『開けられたパンドラの箱』より)。

もう一点、注目すべきは事件前、植松は動画投稿サイトに自らの動画を投稿していたことだ。現在は全編を見ることはできないが、そのサイトでは彼の過激な発言が多くの賛同を得たようだ。ヤフコメの差別やヘイトに満ちたコメントや、自分の動画の過激な発言（おそらく「障害者を殺す」などだろう）に賛同する人々のコメントを見るうちに、「これくらいやってもいいんだ」「これがみんなの本心なんだ」「これこそが世論なんだ」と思っていった可能性は否定できない。

おそらく免疫がなかったゆえに、彼はネット上の悪意を間に受け、また「イルミナティ」などの都市伝説に容易に感化された。そんな時、トランプ氏が大統領選に出馬し、過激な言動を繰り返す姿が連日テレビで報じられた。その姿に、「これからは真実を言っていいんだ」と雷に打たれるように閃いたのではないだろうか。

そのような著しく歪んだ「受信」をしてしまったのは、彼の普通ではない精神状態ゆえだと思う。しかし、トランプの発言や振る舞い、分断を煽るやり方は、植松だけでなく、世界中の悪意に火をつけた。

例えば4年前、トランプ大統領が誕生してからのニュースを思い出してほしい。それはアメリカでヘイトクライムが急増しているというものだった。また、18年のBBCニュースは、17年にアメリカで通報されたヘイトクライムは7157件で、前年比約17%増となったことを伝えている。それだけではない。トランプ氏は新型コロナウイルスを「中国ウイルス」と呼び、欧米ではアジア人に対するヘイトクライムが急増した。

さて、そんなふうに大統領選の結果が出る数時間前、私は興味深い体験をしていた。

この日、渋谷のロフト9でよど号50年のイベントに出ていたのだ。よど号ハイジャックから半世紀というイベントには、北朝鮮からよど号グループの小西隆裕さんも電話出演。ゲストには森達也さんや孫崎享さん、元日本赤軍の足立正生さんや元連合赤軍の植垣康博さんも登壇したのだが、平壌から電話出演していた小西さんの話に私は密かに驚いていた。内容にではない。その、ゆっくりとした朴訥な話し方にだ。

そのような話し方は、久々に耳にするものだった。噛みしめるようにゆっくり話す彼の言葉はわかりやすいものではなく、話はなかなか終わらない。会場の観客たちも途中から話の長さに失笑し始め、思わず「結論は？」「要約すると？」と突っ込んでしまいそうな衝動に駆られた。

そんなふうに「話の長さ」に辟易している自分に気づいて、思った。

小西さんは50年前に日本を離れ、ずっと北朝鮮で暮らしている。いわば彼の話し方は、50年前の日本人のものではないだろうか。それが今、私たちにはものすごく遅く、まどろっこしく聞こえてしまうのだ。申し訳ないけれど、苛立ちさえ感じるほどに。その背景には、私たちの社会の何もかもが50年前と比較して格段にスピードアップしたことや、140文字のTwitterに慣れたこと、長い記事の最初に「要約文」が表示されることに抵抗がなくなったことなんかがあるのだと思う。

それだけではない。討論番組でもワイドショーでも、熟考などは求められず、とにかく条件反射のように「間髪入れず」「すかさず」相手を言い負かす人間が「勝ち」で、発言内容なんか問われないというテレビ的な「言い切り」に慣れてしまったこともあるだろう。

そんな中、ゆっくりと議論することは「時間の無駄」とされ、最初に結論を言わずダラダラ話を続ける人間は「ダメなやつ」の烙印を押されるようになった。そんな時代に「デキる人間」としてもてはやされるのは、即断即決、時短の人間だ。とにかく何かを瞬時に判断し、断言することで相手を黙らせた人間が勝ちになる。そんなコミュニケーションの行き着いた果てが、私には植松のようにも思えるのだ。

なぜなら彼は、あまりにも思考をショートカットしすぎたからである。

障害者施設で働いた当初は、障害者を「かわいい」と言っていたものの、2年目からは「かわいそう」と言うようになる。かわいそうだと思うのならば、待遇を改善するよう職場で提案したり、上の人間と掛け合ったり、場合によっては内部告発やメディアに訴えるなんて手もある。しかし、彼はそれらすべてをすっ飛ばし、何段階もショートカットして突然「殺す」に飛躍した。その振る舞いの影にちらつくのは、やはりトランプ政治的なものが作り出したある種の「空気」だ。熟考や「葛藤」を放棄させ、正しさや公正さに重きを置かず、過激なこと言ったもん勝ち、やったもん勝ちという作法は、どこかで確実に植松に影響を与えたのだと思う

さて、とりあえずトランプ政治は終わる。かといって、バイデン大統領の誕生で薔薇色なんて思うほど楽観もしていない。この4年間で荒廃してきたものを修復していくには、長い時間がか

かるだろう。アメリカの影響を大きく受ける日本社会にも負の遺産が山ほど残っている。ここからどうやって公正さや連帯を取り戻していくか、排外主義や分断を乗り越えていくかが大きな課題だ。

トランプの敗北を、植松は獄中でどう思っているのだろう。聞いてみたくても、死刑の確定した彼とは以前のように面会することはできない。

（2020/11/11 更新 https://maga9.jp/201111-1/）

第4章　２０２０年・冬

㉔ 10月の自殺者数、２０００人超の衝撃

衝撃の数字が発表された。それは、10月の自殺者数。２１５３人ととうとう２０００人を超え、男性は前年同月比で21・３％増えて１３０２人。女性は前年同月比でなんと82・８％も増えて８５１人。

背景には様々な理由があるだろうが、やはり困窮の現場を見ている立場としては、女性の貧困が極まっていることも要因のひとつに思える。

新型コロナウイルス感染拡大で真っ先に影響を受けたのは観光や宿泊、飲食などのサービス業で働く人々だったが、以降、「コロナ以前」の売り上げにはほど遠く、この先の展望がまったく

見えない状態だろう。その上、「第三波」を受けて飲食店などは今、再び苦境の中にいる。国がいくら「Go To トラベル」と呼びかけても、このところ旅行のキャンセルも増えていると聞く。厚労省の集計では、コロナによる解雇や雇い止めは7万人以上。が、8月の労働力調査を見れば、パート、アルバイトは前年同月と比較して74万人も減っている。その多くを占めるのが女性で、その数、63万人。

そんな厳しい現実を反映するかのように、ここ数日、「新型コロナ災害緊急アクション」へのメール相談は増え続けている。やはりすでに路上に出たという人や所持金が1000円以下の人が多く、女性も少なくない。

そんな悲鳴からは、何かが「決壊」しつつある印象を受ける。もしかしたら11月の自殺者はもっと増えてしまうのかもしれない。そんな「最悪の予想」が当たらないことを祈るしかないのが、歯がゆい。

ちなみに最近、無料の電話相談「コロナ災害をのりこえる　いのちとくらしを守るなんでも相談会」の8月の相談内容を「貧困研究会」が分析したところ、衝撃の数字が明らかになった。今年の2月と比較してどれほど収入が下がったかという質問をしているのだが、自営業主が月収でマイナス11万4000円、派遣社員がマイナス9万2000円、フリーランスがマイナス6万円となっていることがわかったのだ。

自営業とフリーランスは収入に幅があるので分析しづらいが、例えば派遣社員の月収を非正規の平均年収179万円で計算すると約15万円。そこから9万2000円を引けば、残るのはわずか5万8000円。東京だったらこの額では家賃を払うことも難しい。「貯金があるだろ」と言う人もいるかもしれないが、月収15万円で一人暮らしをしていたら、貯金など夢のまた夢だ。

貧困以外にも、自殺の原因は様々だろう。

例えば私の場合、感染が拡大し始めてすぐの頃はあまり外に出ず人に会わない生活を送っていた。コロナへの不安。仕事の不安。この先どうなるのかという不安。そんな中、一人でいるとどんどんマイナス思考になっていき、そのうちに被害妄想っぽくなっていて、「自分だけ仲間はずれにされてるんじゃないか」とか「みんな私のこと怒ってるんじゃないか」「嫌ってるんじゃないか」など、どんどん悪い方に思考が向いてしまうループにハマったことがある。特に一人暮らしだと話す相手もいないので「妄想」は強化されていくばかり。

そんな時、家族がいる人が羨ましいと思いながらも、一方で、家族がいるからこそ追い詰められたという人も多く知っている。

夫がリモートワークになったのでDVから逃れられなくなったという女性や、四六時中顔を合わせている中、親の虐待が激しくなったという子どもたち。そんなふうに多くの人がストレスを抱え、コロナという「見えない敵」の脅威に日々晒されている。そんな不安でいっぱいの日々に、「なぜこの人が」という芸能人の訃報が幾度ももたらされる。「平常心でいろ」という方が無理な話だ。

自分自身、精神的に追い詰められるのを回避するため、10月頃から感染対策をしつつ、友人と久々に会食したりを始めてきた。しかし、ここに来て第三波。そういった機会はこれから少なくなることを思うと、どうやって気持ちの安定をはかっていくか、全ての人にとって重要な問題だ。

一方で、報道を見ると、コロナによる困窮の果てと思われる事件もあちこちで起きている。

例えば11月、熊本で53歳の男性が窃盗容疑で逮捕されている。

「家と食べ物に困っていて、警察に捕まりたかった」と容疑を認めているという。男性は5月まで機械を製造する会社で派遣で働いていたものの、新型コロナによる不景気で契約を打ち切られ、以来、漫画喫茶などを点々としていたという。逮捕時の所持金は２３００円（朝日新聞2020/11/11）。

8月には、30歳の女性が福岡で逮捕されている。容疑は、恐喝未遂と建造物侵入。真珠販売店で店員にカッターナイフを向け、現金を脅し取ろうとしたのだ。結果は、未遂。そのまま交番に駆け込み、一部始終を話して逮捕となった。この女性は物心ついた頃から施設で育ち、中卒後は飲食店で働いていたという。しかし、新型コロナで働いていたうどん店の仕事を失う。たちまち家賃を払えなくなり、公園で寝泊まりする日々に。「食べ物をください」と書かれた紙を持って路上に立つこともあったという。逮捕時の所持金はわずか２５７円だった（西日本新聞2020/10/22）。

また、10月にはベトナム人13人が逮捕されている。群馬県など北関東で家畜や果物の盗難が続いていたが、それに関わっていたのではないかと捜査が進められている。

11月10日には、都内の風俗店が摘発された。実習生ら約30人を働かせたという容疑で経営者の男女二人が逮捕されたのだ。働いていた女性たちは、ベトナムから技能実習生として来日したものの、コロナによって生活苦に陥ったり、帰国したくても帰国できない状態だったという。

派遣社員、施設出身の女性、そして外国人。コロナ禍は、この国のもっとも弱い部分に大打撃を与え、コロナ以前からの矛盾を嫌というほど白日の下に晒している。

国は非正規雇用を拡大し、実習生の受け入れを進め、一方でセーフティネットを切り崩すことで、「守られない人たち」を大量に生み出してきた。コロナ禍まで、そんな人たちは必死に働いてなんとかギリギリ自分の生活を成り立たせてきた。しかし、そんなギリギリの生活に、「トドメの一撃」のようにコロナ禍が襲ってきたというわけである。

ここに残酷なデータがある。コロナ禍において、所得が少ない人ほど収入が減っているというものだ。

沖縄大教授の山野良一さんが朝日新聞のデジタルのアンケートを分析した結果によると、子育て中の年収400万円以下の世帯では7割が減収。年収200万円以下の世帯に限ると3割が収入が5割以上減っていたのだという。それに対して、年収600万円以上の世帯は約6割が「変わらない」と回答。5割以上減収した人はわずか2・5%だったという（朝日新聞 2020/7/5）。

年収600万円以上の人々の多くは、リモートワークができる環境にあるだろう。大多数が正社員だろうから、休業補償などの制度も整っているはずだ。

かたや電話相談などでよく耳にするのは、「正社員はリモートワークができるが派遣社員は出社しないといけない」「正社員には休業手当が出るが非正規は出ないと言われた」などの声だ。

同時に先ほどの「派遣社員が9万2000円の減収」という分析を思い出す。年収200万円の人が5割減収するということは、年収100万円になるということだ。国は「前年比で5割以下」などという基準ではなく、「一人世帯で／三人世帯で、収入がこの額以下だったら即給付」という形での給付を大々的に進めるべきではないのだろうか。生活保護の手前にそういうものがあれば助かる、という人は絶対に多いはずだ。

そんな安心は、自殺防止にも、ホームレス化を食い止めることにも繋がる。セーフティネットの強化は、必ず社会を強くする。コロナ禍を機に、そんな転換があればいいと心から思っている。

(2020/11/18 更新　https://maga9.jp/201118-2/)

㉕渋谷・女性ホームレス殺害～「痛い思いをさせればいなくなる」を地でいく社会

「殺してくれてせいせいした」「彼らは人間の姿はしているが人間ではないですから」

この言葉は、横浜の中学生グループがホームレス襲撃を繰り返していた80年代、地元の地下街の商店主らが発した言葉だ。

82〜83年、襲撃事件は相次ぎ、死者も出ていた。なぜこのような事件が起きたのか話し合う場で、商店主らはそう口にしたのだという（「福祉労働167」ひとりの取材者／当事者として　金平茂紀）。

11月16日、路上生活者と見られる女性が、寝泊まりしていた渋谷のバス停ベンチにいたところを殴られ、命を落とした。

事件から5日後、母親に付き添われて逮捕されたのは、46歳の男だった。

男は母親と二人暮らしで、自宅マンション1階で母親とともに酒屋を営んでいたという。3年前に亡くなった父親は、「息子がひきこもりがち」と心配していた。近所の人の中には男を「クレーマーのようだった」と話す人もいたようで、近くに引っ越してきた人は、アンテナの設置位置を変えるよう強く求められたという。その際、男は「自宅のバルコニーから見える世界が自分のすべて。景色を変えたくない」と語ったそうだ。

そんな男は事件前日の15日、バス停にいた女性に「お金をあげるからどいてほしい」と言ったという。が、翌日もまだ女性はいた。無防備な女性に対して、男は袋に石を入れ、殴りつけたという。

逮捕された男は、「自分は地域でゴミ拾いなどのボランティアをしていた。バス停に居座る路上生活者にどいてほしかった」などと事件の動機を説明しているという。

この時だ、私の頭に冒頭の言葉が浮かんだのは。

そうして同時に、「ゴミを掃除しただけ」という言葉を思い出した。それは過去、全国各地で発生していた野宿者襲撃に関わった少年少女たちの一人が悪気なく口にした言葉だった。もしかしたら子どもたちは「ホームレスを襲撃する」＝「ゴミを掃除する」ことで、「大人たちに褒められる」と思っていたのではないだろうか？

「まさかそんなことはない」と言っても、周りの大人たちが悪気なく、「彼らは人間の姿はしているが人間ではない」などと日常的に口にしていたら？「臭い、汚い、一刻も早くどこかに行ってほしい」「怠けてるとあんなふうになるんだぞ」などと言っていたら？

逮捕された男は、動機について、「痛い思いをさせればあの場所からいなくなると思った」とも供述している。

あまりにも幼稚な言い分だが、私は彼女を本当の意味で「いなくならせる」方法を知っている。声をかけ、自分でダメなら周りの支援者にも協力を仰ぎ、事情を聞ける限り聞き、彼女が使える公的な制度に繋げる。

「こういう制度がありますよ」だけではなく、役所などにも同行する。その間、困窮者支援のために寄せられた寄付金からホテル代や食費などを給付し、まずは身体を休めてもらうだろう。とにかく安定した生活へのとっかかりを手にするまで、できることはする。

このような知識を、私は学校でも教えたほうがいいと思う。自分や自分の大切な人や見知らぬ人が「家がないなど命に関わる事態」になっていた時に、何をどうすれば生活が再建できるのかというノウハウだ。そんなことも知らされないでこの不安定な社会を生きていくなんてことは、この時代、無理ゲーに他ならないと思うのだ。

が、残念ながら今の日本では大多数の人が最低限の「死なない方法」すら知らない状態だ。そんな中、ボランティアで「ゴミ拾い」をしていたという男は、とにかく自分の視界から「異物」を排除したかったのだろう。そうして、無防備な女性を、まるで野良犬でも追い払うかのようなやり方で痛めつけた。

しかし、「痛い思いをさせればあの場所からいなくなると思った」と述べた彼を、この社会は非難できるのだろうか。

彼女がいたベンチこそ、同じようなものだった。野宿者排除のため、横になれないよう仕切りがつけられた小さなベンチ。言うなれば、「寝づらくすればホームレスが来ないと思った」というベンチだ。

それだけではない。コロナ禍で生活保護申請に何度か同行しているが、役所の中には「嫌な思いをさせればもう来なくなる」というような対応をするところもある。

わざわざ難癖をつけてアパート転宅をさせない。すでに所持金がないのに一時金を出さないなど。

そんな時、「この人たちは、とにかく困窮者に嫌な思いをさせて自分の目の前からいなくなってほしいんだな」と思う。いなくなったら忘れるか、忘れなくても「もう来ないということはきっとなんとかなったんだ、よかったよかった」ということにしたいんだろう。だけどそれでは、問題は何一つ解決していないどころか、より深刻になっている。

それだけではない。炊き出しにだってそんな嫌がらせの魔の手が及んでいる。コロナ禍の中、都内で炊き出しに並ぶ人たちは1・5倍から2倍に増え、減る気配はないが、そんな場所にも「排除」が忍び寄っているのだ。例えば新宿の都庁前。ここでは6年前から「新宿ごはんプラス」と「もやい」が困窮者に食品配布や生活相談会をしているが、都はコロナ禍で人が増えた頃から難癖をつけるようになり、ついには嫌がらせのようにカラーコーンを配置するようになったのだ。週に一度、わずか数時間の食品配布である。土曜日だからボランティアと並ぶ人以外いないような場所だ。それなのに、嫌がらせのように置かれるカラーコーン。これだって、「嫌な思いをさせればこの場所からいなくなる」ということではないだろうか。

さて、ここで亡くなった女性について、触れよう。報道によると、所持金は8円で、広島県出身。約3年前まで杉並区のアパートに住んでおり、今年の2月頃までスーパーで働いていたという。事件が起きたバス停のベンチで寝泊まりするようになったのは今年の春頃から。

2月までスーパーで働いていたということは、コロナによる失業かもしれない。バス利用者のいない夜中に来て、朝早くいなくなったという。いつも大きなキャリーケースを引きずっていたそうだ。住まいを失い、屋根のある場所を探し続け、やっと見つけたのが吹きっさらしの、だけどわずかに屋根のあるバス停だったのだろう。しかし、ベンチには横になれないよう、しっかり仕切りがついていた。

彼女と同じような状況にいた人を支援したことがある。一ヶ月、横になって寝ていない上、いつ身の危険があるかわからないからと熟睡できていなかったその人は、ホテルを予約すると、次の日の夕方まで爆睡したと嬉しそうに話してくれた。久々のベッドと久々のお風呂は、どんな特効薬よりも人を元気にさせるということを、私は困窮者支援で初めて知った。

殺された女性も、支援団体にSOSを出してくれていたら、その日のうちからベッドで眠れて公的支援につなげることができたのに。彼女のいた渋谷には、炊き出しや相談会もあったのに。いくらそう思っても、すべては後の祭りだ。

一方で、逮捕された男の年齢も気になる。46歳、ロスジェネ。親と同居し親と一緒に酒屋を経営し、引きこもり気味だったという男。「貧乏くじ世代」だけど、同時に強烈な自己責任論を刷り込まれてきた世代でもある。逮捕された男の年齢を耳にした瞬間、どこかで「やっぱり」という思いもあった。

最後に、長年ホームレス支援をしている奥田知志さんがこの事件を受けて書いた原稿「電源の入らない携帯電話がつながる日はあるか～渋谷・ホームレス女性殺害」（論座／2020年11月23

日）の一部を引用して終わりたい。

「もし、小学生の女の子がバス停で夜を過ごしていたならばどうだろう。『大騒ぎ』になっていただろう。心配されながら1ヶ月も放置されることは、まずない。しかし、相手が大人であり、かつ『ホームレス』の場合、強烈なブレーキがかかる。これを差別と言う」

そうなのだ。見て見ぬふりできるのは、「差別」によってブレーキがかかっているからなのだ。

そろそろ年の瀬。野宿の人々はこれから厳しい寒さに晒される。コロナ禍により、この年末で廃業、倒産が決まっている、これからどうしようという声もこのところよく聞く。このままでは、路上に出てくる人も増えるだろう。

今年の年末は、いつもよりずっと忙しくなりそうだ。

（2020/11/25 更新　https://maga9.jp/201125-1/）

㉖ 緊急事態宣言下で殺到したＳＯＳの貴重な記録～『コロナ禍の東京を駆ける』

「彼女は私だ」

12月6日、渋谷で開催された「殺害されたホームレス女性を追悼し、暴力と排除に抗議するデモ」には、そんなプラカードを掲げる人がいた。前回書いた、ホームレス女性殺害事件を受けてのデモだ。この日、夜の渋谷の街を170人がキャンドルを手に追悼と抗議を込めたサイレントデモをした。

「社会に出てから一度も正社員で働いたことがありません。ずっと非正規や日雇いで暮らしてきました。今、コロナで仕事もなくなりました。本当に他人事とは思えません」

デモ出発前、参加者の女性の一人はマイクを握ってそう語った。「他人事じゃない」。この日、参加した女性たちから多く聞いた言葉だ。

今年、殺されたホームレス状態の人は彼女だけではない。1月には東京・上野公園で70代の女性が頭部に暴行を受けて殺害されている。3月には、岐阜でホームレスの男性が少年らに襲撃を受けて死亡。そうして11月、渋谷の事件が起きたのだ。コロナで仕事だけでなく、住まいを失う人が増えている中での惨劇。このところ、都内のターミナル駅ではホームレス状態になったばかりと思われる若い人の姿が目に見えて増えている。

そんな中、ある本を読んだ。それは『コロナ禍の東京を駆ける　緊急事態宣言下の困窮者支援日記』。つくろい東京ファンドの稲葉剛さん、小林美穂子さん、ライターの和田静香さんの三人が著者だが、本のメインは小林さんの支援日記だ。

コロナ禍での支援の状況についてはここまでずっと書いてきた。しかし、私は自分が動ける時に現場に行くくらいで、現場対応をしているわけではない。では誰がしているのかと言えば、反貧困ネットワーク事務局長の瀬戸大作さん、そしてつくろい東京ファンドの稲葉さん、小林さんらである。他にも数名が、過労死が心配になるほどフル稼働している状態。本書は、そんな支援の現場の4月から7月までの記録だ。

ちなみにつくろい東京ファンドとは、東京・中野に拠点を置き、個室シェルターを運営している。17年からは路上生活経験者の仕事作りと居場所づくりの店「カフェ潮の路」を開店、小林さんはそのカフェの女将もやっている。

そんなつくろい東京ファンドは、東京に緊急事態宣言が出された4月7日、緊急のメール相談フォームを開設。これが「パンドラの箱」を開けることとなる。困窮した人々からＳＯＳが殺到したのだ。

この頃は、東京をはじめとした7都府県のあらゆる活動がストップし、「不要不急の外出は避けろ」、とにかく「ステイホームを」と呼びかけられていた頃。しかし、東京都には４０００人のネットカフェ生活者がいる。「ステイホームする家がない」人々だ。その上、頼みのネットカフェまで休業要請の対象となったのだからたまらない。

「ネットカフェ休業により、住む場所がなくなってしまいました」

「携帯も止められ不安でいっぱいです。もう死んだ方が楽になれるのかなと思ってしまいます」

「お金がなく、携帯もフリーWi-Fiのある場所でしか使えず、野宿です」

5月末までで、そんな緊急の相談が約１７０件寄せられたという。その多くが20～40代。本書に綴られているのはそんな人々への緊急支援の日々だ。

ネットカフェ暮らしで昨日から何も食べていないという若い女性は、「もう首吊るしかないと思ったんですけど、私も人間なんですかね、生きたいと思ってしまったんです」と口にする。日雇いで働いていた人、コロナで仕事がなくなり会社の寮を追い出された人、ネットカフェで生活してきた人——とにかく多くの人から次々とSOSが入る。

小林さんはそんな人々のもとに駆けつけ、話を聞き、寄付金からホテル代や生活費を渡し、生活保護申請に同行するなどして公的な制度につなぐ。こう書くと簡単そうに見えるかもしれないが、制度について十分な知識がないとできない技だ。なぜなら、福祉事務所はあの手この手で申請を阻もうとするから。本書にも、そんな福祉事務所との攻防、悪質な福祉事務所の対応があますことなく描かれている。

例えば一人で生活保護申請に行った人に申請をさせない福祉事務所。「3密の回避」が言われているのに、申請に来た人を相部屋の無料低額宿泊所に案内する福祉事務所。

一方、3年間ネットカフェで暮らしていた人に、「どうしてネカフェからアパートに入ろうと思わなかったんですか？」と、ありえない質問をするケースワーカーさえいる。これには当人が「入れるわけないじゃないですか！　一生懸命働いても10万くらいにしかならないのに、なんとか食べて、ネットカフェ代払って、ロッカー代払って、どうやって初期費用とか貯めるんですか

‼」と返す。ちなみにネットカフェ生活者の平均月収は11万４０００円。これでは日々の生活で手一杯で、敷金礼金などとても貯められない。

「貸付金」を渋る福祉事務所もある。斉藤さんが杉並区から1日３６０円しか受けられなかったことは前述したが、1日５００円しか出さない区もあるのだ。

ネットカフェや路上を経験しながらも必死で働き、身体を壊してやっと福祉事務所に辿り着いた男性は、窓口で「1日５００円」と言われてしまう。ひどい仕打ちだ。

「５００円で3食を食べて、交通費ももろもろ必要雑費もまかなえと福祉事務所が言うんですか？」

小林さんが言うと、係長の女性は「カップラーメンとか」と言う。

「私もスーパーの安売りで買ったりしてますよ」と続ける係長。その言葉に、小林さんはキレた。

「なに言ってんですか！　自分も同じだみたいに言わないでよ。この人が歩いてきたこれまでと、あなたの生活はまったく違う！　同じだというなら、無低やネットカフェで、カップラーメンで命をつなぎながら職場に通ってみなさいよ。冗談じゃない‼　無神経なことを言わないでください‼」

同行した小林さんが怒ってくれて、男性はどれほど心強かっただろう。どれほど嬉しかっただろう。

そんな現場で日々奮闘する小林さんは、コロナ禍による困窮は、これまでの矛盾が噴出したものだと指摘する。

「アベノミクスなんて言葉で誤魔化されてきた日本の経済が、とっくに崩壊していたのをコロナが可視化させた。この2ヶ月間、私が対応している人たちは、いわゆる多くの人が想像する『ホームレス』ではない。補償も出ないまま休ませられている正社員もいれば、この国の文化・芸能を支えてきたアーティストもいる」

本書で共感するところは山ほどあるが、中でも今の支援を考えるにあたってもっとも「そうそう」とうなずいたのは、稲葉剛さんの「いまや住まいに次いで、Wi-Fiは人権に近い」という言葉だ。コロナ以前から言えることだが、困窮者の多くは携帯が止まっている。通話できない状態だ。よって、本人がフリーWi-Fiのある場所にいる時に支援団体にメールしてくる、というのが一般的なのだが、これだとフリーWi-Fiがない場所では連絡がとれない。

また、携帯の充電切れが支援の切れ目になってしまうことも多々ある。余談だが、私は平野啓一郎さんの小説『マチネの終わりに』を読んだ時、「これってまさに支援者が日々直面してることじゃん！」と思い、それ以来、携帯をなくした、盗まれた、止まった、充電が切れたという状態を勝手に「マチネ」と呼んでいるのだが、これ以上書くと小説のネタバレになるのでやめておこう。

それにしても、携帯がないことは社会参加の壁になる。例えば、仕事。通話できる携帯番号がないと仕事はなかなか見つからない。不動産契約も携帯番号がないと難しい。また、料金滞納で携帯が止まってしまうと、他の携帯会社ともその情報が共有され、場合によっては再契約が難しくなることもあるらしい。携帯に関して「贅沢だ」と言う人もいるかもしれないが、今、もしあなたが携帯を失ったら、たちまち日常生活のあらゆる部分に支障がでるはずだ。すでに携帯は社会的IDになっている。

ということで、7月には、つくろい東京ファンドがNPO法人ピッコラーレ、合同会社合同屋と協働し、本人負担ゼロで通話可能な電話番号を付与した携帯電話を渡すという「つながる電話プロジェクト」を開始。最長2年間まで無料で使ってもらうシステムで、独自に通話アプリを開発したというのだからなんだかすごい。このプロジェクトに関わったつくろい東京ファンドの佐々木大志郎さん（いろいろ発明するので「困窮者支援界のオードリー・タン」と呼ばれている）は、本書の「『コロナ禍』における『通信禍』」という原稿で、以下のように書いている。

「『相談フォーム・テキストベースでの相談体制』『原則オンラインでのヒヤリング』『物品ではなく現金での緊急給付』『スマートフォンは端末自体の所有を前提としてのフリーWi-Fiという環境要素』『オンライン送金や電話マネーという瞬時の給付手段の併用』そして『音声電話をお渡しする支援』

これらは従来型のホームレス支援・生活困窮者支援の文脈だと、積極的な要素とはなりえなかったものだが、今回の緊急対応から始まる一連の動きでは主役となっていた」

このように、当事者のニーズを受け、支援は日々、進化している。しかし、翻って公的支援はどうだろう。一部ではいまだに生活保護申請は「無料低額宿泊所に入ることが条件」という感染対策を無視した運用が行われ、その無料低額宿泊所では多くの人がダニや南京虫に悩まされている。携帯やWi-Fiは日常生活に不可欠という認識は皆無で、野宿の女性が生活保護申請をした際に婦人保護施設などに入れられてしまえば、そこでは携帯を所持することもできない。携帯などなかった昭和のルールが令和の今、当事者たちを苦しめている不条理。

さて、最後に、小林さんのあとがきの言葉を紹介したい。

「会う人たちはみな、これまで数年ネットカフェで暮らしながら仕事をして命をつなぐ人ばかりでした。彼らのほぼ全員が、親が不在か、いても頼れるような関係性ではなかった。仕事を求めて転々としているから、友達が少ない。助けてくれる人がいない。半数くらいは『死』を意識するほど追い詰められており、あと一歩後ずさりしたら崖から落ちてしまう、そんな待ったなしの状況でした」

「全員が、もっともっと早くに、ネットカフェ生活を始める直前に、福祉を利用して生活を立て直すべき人たちでした。いまでもそういう人が何千人も、ネットカフェや、漫画喫茶、あるいは見知らぬ男性の家に泊めてもらいながら、身を削って生きています。こんな状況を日本の社会はいつまで放置しているつもりなのでしょうか?」

まったくもって一字一句すべてに同感である。「これでダメだったら自殺しかないと思ってました」。制度につながれた人からその言葉を聞いたのは私自身、一度や二度ではない。自殺対策に本腰を入れるなら、生活困窮対策がまず必要なのだ。

さて、コロナ禍が始まって、もう9ヶ月以上。

この9ヶ月、地味につらいのは、一度も国から「安心して」というメッセージが発されないことだ。

3月の時点で失業者が大幅に増えることを見越し、ドイツでは大臣が国民に「生活保護をどんどん利用して」と呼びかけていた頃、この国ではコロナ対策として「お肉券・お魚券」という素っ頓狂なものが検討され、みんなを不安に陥れていた。

台湾でIT担当大臣がマスクをみんなに行き渡らせるよう対策を取ったのに対し、日本では布マスクが2枚配布されただけだった。

それだけじゃない。医療機関は機能不全を起こし、保健所にどれだけ電話しても繋がらず、春頃には自宅で次々と亡くなる人が出た。失業者、困窮者対策はまともになされず、特別定額給付金は一度きりで、自殺者が激増した頃、新たに総理大臣となった菅氏が強調したのは「自助」だった。

「誰も困窮では死なせない」「自殺者も増やさない」「感染したら速やかに医療にアクセスできるよう努力するので安心してください」。

一度でいいからこんなメッセージが発されていたら、どれほどの人が救われていただろう。

しかし、第三波の中、強調されているのは「マスク会食」。そんな中、「Go To」キャンペーンの来年6月までの延長が発表された。アクセルとブレーキを同時に踏んでいるようなやり方で、もう、何をしようとしているのか、どこに向かっているのかさえ誰もわからない。ブッ壊れた暴走車に乗せられているような生きた心地のしない日々。

そんな中、支援者たちは今日も「誰かの緊急事態」に対応している。国は、民間の善意に甘えるのをそろそろやめてほしいと今、改めて思う。3月に結成した「新型コロナ災害緊急アクション」では、すでに1000人以上に対応し、寄付金から4000万円を超える給付をしている。民間がボランティアですでに数千万円の給付をしていること自体が異常なのだ。

「自助」を強調するのはどんなに無能なトップだってできる。公助のトップであるならば、そろそろ本気でこの問題に向き合ってほしい。

(2020/12/9 更新 https://maga9.jp/201209-1/)

㉗相談データ分析から見えた深刻化する困窮度

コロナ禍の中、年の瀬が迫ってきた。

困窮者支援の現場には、さらに深刻な相談が寄せられるようになっている。

「この年末で勤め先が廃業・倒産する。どうすればいいか」という声もあれば、「寒くなってきたので野宿がキツい、助けてほしい」という切実な声もある。

多くの人が家族や友人などと楽しく過ごす年末年始、たった一人で寒さと空腹に耐えながら路上で過ごすことは当人の心も身体も否応なく削る。

今月に入り、早い人ではこの年末で切れるはずだった「住居確保給付金」の延長がやっと正式に発表されたが、延長期間はたった3ヶ月。困窮に直面する人々をもう少し安心させてほしいと思うのは、私だけではないはずだ。

そんな年末を前に、12月19日、5回目の大規模電話相談を開催することとなった。これまでも触れてきた「コロナ災害を乗り越える　いのちとくらしを守るなんでも電話相談会」だ。

「コロナを理由に雇い止めにあった」「バイトを切られ学費が払えない」「家賃が払えず、追い出されないか心配」など、住まいや生活保護、労働、借金、学費問題などに弁護士や司法書士、社会福祉士などが回答する。

そうしてこの日はもうひとつ、日比谷公園で対面の「なんでも相談会」を開催する。時間は11〜17時まで。相談だけでなく、おにぎりやお米、りんご、缶詰などの食料配布もする予定。

そんな相談会を開催するにあたり、12月11日、厚生労働省で記者会見をしたのだが、その際、10月に開催された4回目の電話相談を、貧困問題に取り組む学者らからなる「貧困研究会」が分析した結果が発表された。

このデータ分析の結果が発表されるのは2回目で、最初は10月。8月に開催された電話相談の結果が発表された。以前も少し紹介したが、非常に貴重な資料なのでこちらでもまた触れたい。

まず、8月のデータ。分析対象となったのは221件。男女比はほぼ半分ずつで、年代は50代がもっとも多く26・6％、次いで40代の22・0％、60代の19・8％。

世帯人数はというと、一人世帯がもっとも多く、次いで夫婦世帯。

借家暮らしの人が46・6％で持ち家の人は38・5％。

相談者の職業でもっとも多かったのは無職で23・6％だが、ついで多いのは「他に分類されないサービス業」17・8％（専門サービス、洗濯・理容・浴場、旅行、娯楽業、その他生活関連サービスなど）、その次が飲食・宿泊・遊興飲食店（風俗含む）のサービス業15・3％、そのあとに建設業、製造業が続く。

雇用形態は無職を除くとパート・アルバイトが21・6％ともっとも多く、ついで正社員14・6％、自営業主11・6％、フリーランス・個人事業主9・5％と続く。

現在の預貯金額の中央値は10万円。本人を合わせた世帯全体では17万円。

「今年の2月と比較して8月の時点でどれほどの収入減か」という質問には、自営業主が月収で平均マイナス11万4000円ともっとも減っており、ついで派遣社員のマイナス9万2000円、フリーランスのマイナス6万円が続く。

相談時点でなんらかの借金、滞納があった割合は37・0％で、10人が住宅ローンを滞納し、8

人が公的保険料を滞納、６人が家賃を滞納していた。

相談してきた２２１人中、緊急小口資金の貸付や持続化給付金、住居確保給付金など支援制度を利用している人は１７８ケース。相当の人がすでに公的な支援を利用していることが明らかになった。


さて、ここからは10月の電話相談の分析だ。分析対象となったのは７７９件。８月と同じ人が相談しているわけではない。

男女比はやはり半数ずつで、平均年齢は55・２歳。

一人世帯が約半数。借家暮らしの人が52・９％で持ち家の人は38・８％。

相談者の41・３％が無職（コロナ禍で職を失ったのかもともと無職だったのかは不明）で、パート・アルバイト（18・５％）、自営業主（11・２％）、正社員（11・０％）と続く。

本人の預貯金額＋手持ち金が確認できたのは２３３人で、その中央値は２万円。本人を合わせた世帯全体で３万円となっており、８月と比較して随分落ち込んでいるのがわかる。また、すでに「０円」という人も94人。10万円未満は１４２人。

「今年の２月と比較して現時点でどれほどの収入減か」という質問には、自営業主が平均マイナス１０４万円（売り上げで回答している可能性あり）。ついで契約社員の12万１０００円、フリーランスの９万７５００円が続く。

一方、「収入なし」と答える人も増加しており、１２３人が収入ゼロ。２月と比較して月収が10万円以上減少した人も60人いた。

相談時点でなんらかの借金、滞納があった割合は38％。うち住宅ローンが24人、家賃の滞納が20人。相談内容としては、８月の時と比較して生活保護の相談が増えている。

10月の相談概要を見ると、「手元に五円玉ふたつしかない」「20万円あった月収が３、４万円に減少」「お金がない時は水を飲んで空腹を満たしている」など切実な声が目立つ。

このような分析データを見るたびに、思う。

政府はこの国に住む人々の困窮の実態を、一体どこまで把握しているのだろう、と。「コロナ解雇７万人」と言われるが、10月の労働力調査によると、前年同月と比較して非正規で働く人は85万人減少。休業者は１７０万人。そのうちどれほどの人が寮やシェアハウスも含めた住まいを失い、どの程度減収しているのかなど、細やかな調査はされているのだろうか。実態調査がなされなければ貧困対策のしようがない。まずは「実態を知ろう」という姿勢を示してほしい。今はそれさえ見えないのだ。

さて、11月17日、東京都の小池都知事は年末年始に向けてある発表をした。それは住まいのない人のためにホテルを１０００室用意する、生活費の貸付も予定しているという内容。ホテルの提供は12月21日から約１ヶ月続くらしい。

それを聞いて、４月の緊急事態宣言の頃を思い出した。

ネットカフェも休業要請の対象になったことを受け、小池都知事はネットカフェ生活者などにホテルを提供するとブチ上げたが、その実態はあまりにもわかりづらいものだった。まず広報がほとんどなく、当事者がどこに行けばいいのかわからない。入り口がいろいろあり、入り方によって対応が違う、等々。それでも４〜８月の間に約１０００人がホテルを利用した。

が、ホテル提供が終わった後の行き先を見ると、約６割が一時住宅に移動（4ヶ月しかいられない）、1割強が安定した住居を得て、1割強が再びネットカフェなど不安定な場所に戻っている。本来であれば、全員が安定した住居に移るような支援がなされるべきだったと思う。年末年始対策ではホテルを提供するだけでなく、今後の住まいについての相談体制も作り、できるだけ多くの人を安定住居に繋げるような仕組みにしてほしい。また、東京都だけでなく、各都道府県にもホテル提供とその後の支援を求めたい。

もうひとつ必要なのは、厚労省が各自治体に協力依頼している年末年始の臨時開庁だ。年末に住まいを失ったり所持金が尽きた場合、役所が閉まっていれば一週間近く公的な支援につながることができず、その間に餓死、凍死してしまう可能性もある。そのため、年末年始も臨時で窓口を開けるよう協力依頼をしているのだが、江戸川区では12月29日から1月3日まで電話や窓口で区職員が対応することとなった。ぜひ、全国各地でこのような動きが続いてほしい。そのことで、確実に救える命がある。

ということで、この年末年始は支援の現場に張り付くことになりそうだ。

(2020/12/16更新　https://maga9.jp/201216-2/)

㉘年末年始の支援情報！～炊き出し、相談会、大人食堂など

12月19日、私は日比谷公園にいた。

この日開催されたのは、「なんでも相談会」。同時に開催されていた電話相談の方には全国から500件ほどの相談が寄せられ、日比谷公園の「なんでも相談会」には52人が相談に訪れた。食料支援の食料を受け取りにきた人は120人。当日は私も相談ブースを担当し、4人の相談に対応した。

4人のうち、男性は3人、女性が1人。女性は40代、男性は60代が1人で40代が1人、30代が1人。全員がすでに住まいのない状態で、うち3人は公園や路上での寝泊まり。所持金は、もっとも多い人で4000円。もっとも少ない人でゼロ円。

このような場合、住まいと生活費を確保できる公的制度は今のところ生活保護制度しかないのでその利用を提案するも、60代男性のみが利用を承諾し、後日、支援者と福祉事務所を訪れるこ

とに。しかし、他の2人は「しばらく考えさせてほしい」。もう1人は「とにかく自力で頑張る。生活保護だけは嫌だ」という答え。数日分の宿泊費、食費などを支給し、連絡を待っているという状態だ。

コロナ禍以降、定期的にやっている炊き出し以外で初めてこのような野外での相談会が開催されたわけだが、私が対応した4人だけで、全員がすでに住まいも失い、所持金も尽きかけているという事実に改めて事態の深刻さを噛み締めた。

なぜなら、この相談会は労働や生活、健康、学費問題などの相談を想定しているもので、住まいのない人に特化した相談会ではないからである。それなのに、担当した全員がホームレス状態。中には今年の5月頃から住まいがないという元イベント関係の仕事の人もいた。仕事が途切れる年末年始、事態はさらに深刻になる可能性がある。

ということで、この年末年始には様々な取り組みが予定されている。

まずは私も属する「新型コロナ災害緊急アクション」。つくろい東京ファンド、ビッグイシュー基金、反貧困ネットワーク、NPO法人POSSEと共催で年末の緊急相談会と「年越し大人食堂2021」を開催する。概要は以下だ。

12月31日　15〜18時　東池袋中央公園にて相談会と食料配布
1月1日　12〜18時　聖イグナチオ教会にて相談会と「大人食堂」
1月3日　12〜18時　聖イグナチオ教会にて相談会と「大人食堂」

また、4月から5回にわたり「コロナ災害を乗り越える　いのちとくらしを守るなんでも電話相談会」を開催してきたわけだが、この年末年始にも開催する。
概要は以下。
12月31日から1月3日まで　午前10時〜午後7時
電話番号　0120　157　930
全国どこからかけても無料

この年末年始には、東京都のホテル提供もある。
住まいのない人に対して、年末年始、ホテルを1000室提供する、生活費の貸付も行うと東京都は発表しているのだ。現時点でわかっているのは12月21日から約1ヶ月、1日あたり1000室が提供されるということ。
窓口はチャレンジネットで、電話番号は　0120　874　225
女性専用は　0120　874　505
住まいがない人は無償でホテルに泊まれるので（最大2週間という話）、まずは電話してみてほしい。

それ以外にも、都内では炊き出しなどがある。
以下、現時点で発表され、私が把握している情報だ。
・渋谷　2020〜21　渋谷越年越冬闘争実行委員会（美竹公園）
12月28日夕方〜1月4日早朝
12月29日より連日15時から共同炊事、集団野営
・山谷越年闘争　山谷労働者福祉会館運営委員会　（城北労働福祉センター前路上）
12月29日昼〜1月4日朝
・横浜寿町越冬闘争　寿越冬闘争実行委員会　寿公園
12月30日〜1月4日　食事提供
また、関西では以下の取り組みもある。
・コロナSOS年末年始市民相談　コロナSOS市民相談at大阪市役所実行委員会（大阪市役所南西角）
12月28、30日、1月1日、3日、4日　12〜15時
それにしても、こんなに厳しい年末を迎えるのは初めてだ。
貧困問題に取り組んで15年。リーマンショック後の08年の年越し派遣村、その翌年、オリンピ

ックセンターが年末年始に開放された公設派遣村も経験してきた。15年からは毎年、年末は都内や関東近郊の炊き出し現場を回ってきた。

年々炊き出しに並ぶ人が若年化し、昨年末は「ロスジェネの多さ」に驚いた。「この国の底が抜けている」。そんな光景を見るたびに思った。

しかし今年、突然猛威を振るったコロナ禍は、リーマンショックの比ではない打撃をこの国にもたらした。格差と貧困がじわじわと深刻化する中、それでもギリギリ生活していた人たちにとって、文字通り「トドメの一撃」となってしまった。

ネットカフェで暮らしていた人、ダブルワークをすることでなんとかアパート生活を維持できていた人、自分は貧困とは無縁だと思っていた人、20年以上、寮付き派遣で全国各地の工場を転々としてきた人――。

そんな人たちからのSOSが、この春からひっきりなしに届き続けている。家賃を滞納してもうすぐ追い出されるというアパートの一室から、ネットカフェから、深夜のファストフードから、コンビニから、車上生活をしている車から、悲鳴のような「助けて」の声が上がっている。

彼ら彼女らと出会うたび、「よく生きてててくれた」と思う。

気がつけば、春頃から支援者たちは「よく生きててくれた」が口癖のようになっている。本当に、よく生きていてくれた。よく死なないでいてくれた。それしか言葉が見つからないような、それほどに追い詰められた人たちと多く出会ってきた。何人もの涙と怒り、やるせなさに触れた。

11月、新型コロナ災害緊急アクションの政府交渉に、ベトナム人僧侶のティック・タム・チーさんが同席してくれた。

新型コロナウイルス感染が拡大してから、タム・チーさんのもとにはベトナム人実習生、留学生からの相談が殺到している。これまで、北海道から沖縄まで約1万9000人に70トンの米を送り、関東には4ヶ所の保護施設を作って600人以上を保護してきたという。生活苦や帰国できるかという心配から不安定になる若者も多く、中には自殺を図った人もいる。そんな若者たちのメンタルケアもしつつ、これまでに数百人の帰国を支援してきたそうだ。

そんなタム・チーさんは、「ベトナムには、『破れてない葉っぱは破れた葉っぱを包むべき』という言葉があります」と口にした。自らが無事であれば、傷ついた誰かを助けるべきという意味だろう。翻って、少し前の日本にもそんな言葉はあったような気がしたけれどどうしても思い出せない。思い出そうとしても、「自己責任」「人に迷惑をかけるな」「全部お前が悪いんだ」という言葉にかき消されてしまう。

だからこそ、今、私たちは「助け合い」を実践している。「自助」を強調する政治に対しての最大限のカウンターであり、弱者を見捨てる政治への、必死の抵抗でもあるのだと思う。「新型コロナ災害緊急アクション」では、4月から困窮者に対してもう5000万円以上の給付をしている。民間が数千万円の給付をしていることの異常さを、政治は自覚してほしい。そして、恥じてほしいと思う。

とにかく、この年末年始、一人も困窮で死なせない。そんな覚悟で支援者たちは寒い中、奔走している。そして年末年始も休み返上で困窮者支援を続ける。私も現場に張り付く予定だ。だけど本当は、「一人も死なせない」という覚悟は、政治にこそ求められるものではないのだろうか。

願わくば、来年の年末年始は、ボランティアで走り回った支援者たちがゆっくり休めるよう、「公助」が機能しますように。そんなことを願いつつ、年末年始に備えている。


（2020/12/23 更新　https://maga9.jp/201223-2/）

㉙怒涛の年末年始 〜困窮者支援の現場から

2021年がやってきた。

コロナ禍の年末年始、あなたはどのように過ごしただろうか。

私は12月29日から1月3日まで、困窮者支援の現場で相談員をつとめていた。この国の「底」が抜けているということを、嫌というほど痛感する6日間だった。

ここで年末年始のスケジュールを振り返ると、次のようになる。

12月29日　年越し支援・コロナ被害相談村（大久保公園）
12月30日　年越し支援・コロナ被害相談村（大久保公園）、夕方は池袋のTENOHASIで配食手伝い（東池袋中央公園）
12月31日　東池袋中央公園にて臨時相談会
1月1日　横浜・寿町の炊き出しに行ったあと、四谷の「年越し大人食堂」（イグナチオ教会）
1月2日　年越し支援・コロナ被害相談村（大久保公園）
1月3日　四谷の「年越し大人食堂」（イグナチオ教会）

6日間にわたって年末年始支援の現場にいたわけだが、初日の29日からなかなかハードだった。この日の午前10時に大久保公園で「コロナ相談村」が開村し、午後から相談員をしていたのだが、夕方には救急車に乗っていたからだ。

運ばれたのは私ではない。経緯は以下の通りだが、まずは「コロナ相談村」について説明しよう。この「村」を開催したのは、08年の「年越し派遣村」を支えたメンバーら。主に労働組合関係の有志たちだ。東京の新宿・大久保公園で開催された理由のひとつには、そこが「TOKYOチャレンジネット」の隣だからという理由がある。東京都が住まいのない人のために年末年始、1日1000室のホテルを開放するということは書いてきた通りだが、広報もあまりなく、いつどこに行ってどんな手続きをすればホテルに入れるかがわかりづらい。また、「年末年始にタダでホテルに泊まれる」ということを知らない野宿の人やネットカフェ生活者も多くいる。ということで、大久保公園で相談会を開催し、隣のチャレンジネット（ホテル利用の窓口）に繋げようという目的で開催されたのだ。

もちろん、ホテル宿泊だけでなく、労働相談やその他の相談も受け付ける。そのような体制を実行委員メンバーは実に短期間で作り上げてくれたのだ。ちなみに197ページにて、年末年始は江戸川区のみが臨時開庁と書いたが、その後、足立区、品川区、練馬区、新宿区など多くの区が臨時相談窓口を設けたり、電話相談を受け付けることとなった。よって、それらの区で生活保護を希望する人には、休み期間中も生活保護申請ができたのだ。

ちなみに相談員は、相談者がホテル宿泊を希望する場合はチャレンジネットに同行する。窓口で面談し、「利用票」とホテルの地図をもらったら、本人がチェックインする仕組みだ。そうすれば1月4日の朝まで暖かい部屋で過ごせる。日本列島を寒波が襲うと言われた年末年始、凍死から身を守るためにも一人でも多くの人にホテルに泊まってもらいたいという思いから始まった相談村。1月4日以降、行き場がない人は生活保護など公的制度を申請すればいい。

ということで、この日、チャレンジネットに同行させてもらったのは佐々木さん（仮名）という50代の男性。コロナで仕事がなくなり、この5ヶ月ほど新宿で野宿をしてきたという男性だ。

チャレンジネットで面談した結果、この日からホテルに泊まれることになったのだが（年末年始は仕事があるそうで生活保護申請については仕事が終わったあと考えるということ）、佐々木さん、この相談会のような取り組みがあることにいたく感動し、「自分が野宿している場所にいる他の人たちにも伝えたい」と申し出てくれた。そうして佐々木さんの案内で、新宿のとあるエリアに。そこで野宿の人々に声をかけている時に出会ったのが、菊池さん（仮名）。大きな荷物を両手に持ち、ボロボロになった衣服で歩く高齢の男性だった。同行していたれいわ新選組の山本太郎さんがすかさず声をかけ、今夜から4日までホテルに泊まれることなどを伝えると、「ぜひ泊まりたい」という返事。

そんな菊池さんが「心臓が痛い」と動けなくなったのは、徒歩10分ほどの大久保公園に案内している途中だった。慌てて「コロナ相談村」に連絡すると、ボランティア医師として入ってくれている谷川智行さん（谷川さんもこの年末年始、ずーっと支援の現場でボランティア医師をされていました）が来てくれることに。谷川医師がその場で話を聞きとり、「救急車を呼んだ方がいい」ということになり、私も同乗して病院へ。診察の結果、身体の状態は非常に悪く、最低でも2週間の入院が必要とのことでそのまま入院となったのだった。

それにしても、それほど体調が悪い高齢者がこの寒空のもと、大荷物を持って移動し、野宿生活をしていたことに驚愕した。どれほど過酷な日々だったろう。改めて、言葉を失う思いがした。

この日、コロナ相談村には56件の相談が寄せられた。男性44件、女性12件。ちなみに13年前の年越し派遣村に来たのは505人。うち女性はたった5人だった。それを思うと、女性の困窮の拡大は当時と桁違いである。

翌30日も「コロナ相談村」。

この日嬉しかったのは、前日、チャレンジネットに同行し、野宿の人たちの元に案内してくれた佐々木さんが「スタッフ」となっていたこと。家なき人たちを相談会に繋げたいと、この日も組合の人を野宿者が多いエリアに案内したりと大活躍だったのだ。たった1日で、「支援される側」だった人が「支援する側」になっている。そんな姿を見るたびに、こういう活動をしていて良かったと思う。

この日は夕方から池袋の「TENOHASI」の炊き出しへ。18時からのお弁当配布には寒空のもと200人以上が並び、あっという間になくなった。配っている間にも寒さは厳しくなり、容赦なく寒風が吹きすさぶ。2時間ほど外にいて冷え切ったが、私は家に帰ればお風呂に入れる。しかし、炊き出しに並んでいた人たちの多くは、一晩を野外で過ごさなければならないのだ。

一年前と比較して、列に女性の姿が目立った。中には若い女性の姿もあった。

大晦日は前日の「TENOHASI」と同じ東池袋中央公園にて、「新型コロナ災害緊急アクション」などによる「臨時相談会」。

この日、チャレンジネットは閉まっているのでホテル案内はできないと思っていたものの、午前、豊島区議会議員の塚田ひさ子さんと電話で話し、新事実が発覚。午後1〜5時まで豊島区役所では職員が対応しており、ホテルに入れること、生活保護申請もできることなどを知る。このように、行政の情報が直前までわからないことが支援を難しくさせている側面もあるが、この年末年始の豊島区の対応は素晴らしかった。この日だけでなく、1月1～3日も職員が対応してくれてホテル案内と生活保護申請ができたのだ。

15時開始の相談会には2時半頃から多くの人が行列を作り、15時前から相談を受け付けることに。

私も相談員として入ったのだが、担当した8人ほどのうち、半分以上がすでに野宿。住まいはまだあるものの所持金ゼロという人も少なくない。年末年始、タダでホテルが提供されていることを全く知らない野宿の人も数人いた。情報を伝えると「本当に泊まれるんですか?」と驚き、身を乗り出す。

よく「ホームレスは好きでああいう生活をしている」なんて言う人がいるが、誰が極寒の中、野宿したいと思うだろう。しかも現代の「ホームレス状態の人」の多くは、コロナ禍によって路上に追い出された人たちだ。「ホテルに泊まれる」と知った時のみんなの嬉しそうな顔が忘れられない。結局、この日対応した人のほとんどがそのままホテル宿泊となり、何人かは生活保護申請も同時にした。公園で相談を受け、役所に同行を繰り返す。

この日嬉しかったのは、12月19日、日比谷公園で開催された「なんでも相談会」で相談を受けた人が来てくれたこと。

40代の男性なのだが、4年ほど野宿生活をしているということで、生活保護などの制度についてほとんど知らないようだった。日比谷公園の時は話をし、食品をもらうだけで帰ったのだが、この日はその足で区役所に生活保護申請。同時にこの日からホテルに泊まることになったのだ。役所まで同行したのだが、わずか10日ほど前は公的福祉についてほとんど知らなかった彼が、こうして制度に無事繋がった姿を見るのはこの上ない喜びだった。

まだまだ40代。野宿をしていればごく限られた仕事しかできないが、アパートが決まれば仕事だって見つかりやすくなるしその幅もぐっと広がる。4年間を路上で過ごすしかなかった彼が、こうして相談会に繋がり、生活再建の手がかりをつかんだことが嬉しかった。


1月1日、元旦。

この日は横浜・寿町の炊き出しに配食の手伝いに。配食は2時からだったものの、1時半前からすでに長い行列ができている。

コロナ対策ということで例年より規模を縮小し、ボランティアも少なくやっているということだったが、それでも500食の中華丼があっという間になくなった。

行列に並ぶ人に、若者や女性がやはり例年より増えている印象。

その後、年越し大人食堂に行くと、福島みずほさんや山添拓さんといった国会議員も相談員をやっていた。ちなみに山本太郎さんも大人食堂とコロナ相談村では相談員をしている。

私も相談員をやってきたが、これほど緊張する仕事はないとも思う。相談する方も当然緊張しているが、相談を受ける方も緊張しているのだ。なぜなら、相談に来る人は、人生において危機的状況にあるからだ。人生の、もっとも重大な局面である。間違いは決して許されない。だからこそ、自分でわからない時や知識が曖昧な時は、その問題に詳しいプロに聞く。

私は生活保護関係にはそこそこ詳しいが、例えば労働問題に関する知識はそれほどない。借金や相続といった込み入った話になると法律家の出番だ。外国人の相談の場合は専門家でないと対処できないことも多いし、まずは通訳が必要になる。様々な相談に対処できるよう、大人食堂でもコロナ相談村でも、相談会場には弁護士や労働組合の人、司法書士や元ケースワーカー、外国人問題に詳しい専門家や通訳がスタンバイしている。健康相談のためのお医者さんもいる。労働問題は組合の人にいろいろ教えてもらい、逆に生活保護の問題になると組合の人にこちらがいろいろ情報を伝えることもある。もちろん全員正月休みを返上した上に、ボランティア。

このような相談会を、この一年近く何度も繰り返した。コロナ禍での電話相談会で鍛えられたのだ。コロコロ変わる制度の運用や新しくできた給付金制度についての勉強をし、みんなで相談マニュアルをアップデートさせていた日々の蓄積。電話相談での相談員をすることで、私は昨年、少しずつ「相談」に慣れていった。

この日の夜、相談会のチラシを都内某駅で配布した。

ただチラシを配っても仕方ないので、行き場がなさそうな人に声をかけて渡した。駅の地下街には、正月休みの飲食店の前のベンチに数人が所在なく座っていた。一人ずつスペースを開けて、決して関わることはなく、それぞれが俯いていた。その中には女性もいた。住まいを失ったばかりですでに1円もないという若者もいた。相談会があること、ホテルに泊まれることを告げ、「行くお金がない」という人には電車賃を渡した。元旦の夜、寒さに耐え、空腹を堪え、ただただ地下街のベンチに座り続ける人がいる。地下街が閉まれば、凍死しないよう夜通し歩くしかない人たちがいる。

この日、別の支援者はSOSを受けて都内某所に行った。SOSをくれた人が住む家は、すでに電気やガスも止まっていたという。このまま行けば、「餓死事件」となって世間を騒がせてもおかしくないほどの困窮ぶりだ。めでたいはずのお正月、どれほどの人が、眠れないほどの不安の中にいるのだろう。

1月2日、コロナ相談村の相談員。

この日最初に相談を受けたのは、30代の宿泊施設経営の方。コロナ禍で客がまったく入らず、毎月20万円以上のマイナスが出続けている状態。続けようかやめようか、判断が難しく悩んでいるということだった。

その話を聞いて、別の相談会で会った男性を思い出した。その男性も30代の元経営者。イベント関係の仕事をしていたがコロナ禍で仕事はなくなり、あっという間に負債が増え、自己破産手続き中ですでに住まいを失い野宿となっていた。所持金は数百円ほど。この状態だと、一度生活保護を受けてアパートを手に入れて生活を立て直すのがいちばんの近道だ。住所もないままでは仕事だってなかなかできない。

しかし、男性は生活保護には強い抵抗があり、それより事業を立て直したいので事業者向けの貸付金がないかと尋ねてくる。すでに野宿なのに、公的福祉は受けずにお金を借りてまずは会社を立て直すと口にするのだ。

このような相談、コロナ禍では初めてではない。

元経営者や自営業者で、コロナ以前は羽振りが良く、貧困と無縁だったのに、コロナであっという間に困窮してしまったケースだ。このような場合、生活が困窮するスピードが速すぎて、本人の気持ちが追いついていないのだろう。だからこそ、野宿であっても、所持金数百円であっても「自分は大丈夫」「国に迷惑はかけられない」「生活保護とかは大変な人が受けるもので自分には関係ない」と繰り返す。

この日、最後に相談を受けた人も同様だった。

50代で、元経営者。コロナで仕事がなくなり、すでに住まいも失いネットカフェやカプセルホテルを転々としてきたという。ギリギリ野宿はまだ未経験。しかし、所持金はわずかで、この日相談会につながっていなければ、この夜が初野宿になっていただろうと思う。

この男性にホテル提供の話をすると、やはり「初めて知った」とのことで宿泊希望。

しかし、今日ホテルに入っても明後日の4日朝には出されてしまう。それならば今日生活保護申請した方がいいのでは、都のホテルに入ると一円も出ないが、生保申請をすればホテルに1ヶ月いられる。その間にアパートを見つけてアパート転宅すればいいし、1日あたりの食費も出る、住所があった方が仕事も見つかりやすい、など他の相談員らとともに提案するが、彼は頑なに生活保護は拒否する姿勢。30分以上話したが、それでも「どうしても自力で頑張りたい」「とにかく4日までホテルに泊めてもらって、仕事はじめの4日にいろんな人に連絡して仕事を見つけたい」とのことで、チャレンジネットへ同行。4日までの宿は確保できたものの、それからどうするのだろう。「4日になったら今まで仕事した人に連絡する」と言っていた彼の携帯は、とっくに止まっているのだ。

この日の午後5時、コロナ相談村は閉村。

12月29日、30日、1月2日の3日間に寄せられた相談は344件。うち男性は279人、女性は62人、不明・その他3人。

世代別だと、10代1人、20代20人、30代56人、40代75人、50代72人、60代55人、70代23人、80代8人、不明32人。

そして3日間を通して、ボランティアスタッフは350人。

この日、13年前の派遣村を担ったメンバーと話した。

「あの時、生活保護をそれほど拒否する人っていなかったですよね？」と言うと、何人もが頷いた。あの時はみんな、「しょうがない、まずは生活保護で立て直すか」という感じで、説得に苦労したなんて話は聞いたことがなかった。

しかし、今回は違う。私だけでなく、多くの人が「もう生活保護しかないのでは？」と口にしても、首を横に振る人の説得に困っている。別に無差別に生活保護を勧めているわけではない。ただ、所持金も住まいもない場合、使える制度は生活保護くらいしかないからそう言うのだ。このままでは、路上で餓死、凍死する危険性があるから提案しているのだ。しかし、それでも「自力で頑張る」という人たち。

思えば、派遣村に来た人たちの多くは製造業派遣などで働いてきた人たちで、いわば貧困と近い層だった。しかし今、コロナで困窮している人の中には、貧困と無縁だった層がいる。そんな人たちにとって、生活保護利用の壁はあまりにも高いのだ。

このようなところからも、13年前との違いが見えてくる。

1月3日。

年末年始の支援最終日だ。

大人食堂の相談員として1日相談を受けた。

10人ほどの相談を受けたが、嬉しかったのは、前日のコロナ相談村で相談に乗った男性が来てくれたこと。

30代の男性はコロナで仕事を失っていたのだが、住まいはある状態。このような場合、住居確保給付金と社会福祉協議会の貸付金を借りながら仕事を見つけるという手もあるのだが、それはあまりにも綱渡りだし、住居確保給付金以外は結局は借金だ。しかも残金はわずかで収入のあてはないのでこのまま行けば家賃を滞納し携帯が止まり、電気やガスも順次止まっていく。

ということでやはり生活保護の話をすると「考えたい」という返事。よって、「明日は私はここにいるから」と大人食堂のことを伝えたのだ。若い人であれば、仕事が見つかって生活保護をすぐに廃止するケースも少なくないなどのことも伝えていた。そうしたら、その彼が来てくれたのだ。ものすごくしっかりした人で、後日、支援者が同行して生活保護申請することに。おそらくコロナが落ち着きさえすれば、すぐに仕事が見つかるだろう。今回の特徴は、本当にコロナさえなければバリバリ働いていた人たちが仕事を失っているということだ。

この日は、時間が遅くなるごとに外国人の相談が増えていった。相談会の後半、私が担当した6人も全員が外国人。国籍はイランやナイジェリア、エチオピア、ベトナムなどで全員が仮放免、もしくは短期ビザ。就労が禁止されているので働くことができない状態だが、生活保護など公的福祉の対象にもならず、制度の谷間に落ちている。

働きたいけど働けない。だけど公的なセーフティネットの対象にもならない。「死ね、ということですか？」と口にする人もいた。

皆が一様に口にしたのは、「とにかく働きたい」ということだ。なのに、日本政府はそれを認めない。6人とも、みんな難民申請中だった。ということは、国に戻れば迫害される危険がある。それなのに、難民申請した先の日本でこんな仕打ちを受けている。これは完全に国の制度の落度ではないのだろうか。日本の難民認定率0・4％という数字が迫ってくる。

対応した外国人6人のうち、ほとんどが所持金ゼロ円、一番多い人でも2000円だった。外国人への公的支援拡充は、コロナ禍が始まってからずーっと政府交渉の場でも要求し続けている。しかし、国は完全に放置している。

この日、大人食堂に来たのは318人。うち子どもは14人。399個のお弁当が配られ、相談会に参加した人は72人。うち女性は12人。また外国人は29人。9ヶ国の人から相談があった。世代別だと、20代8人、30代15人、40代15人、50代16人、60代3人、70代4人、80代1人。不明も数人。

12月31日の臨時相談会、1日、3日の大人食堂の3日を通して、約950食の食事を提供し、約150件の相談を受けた計算だ。また、元旦の大人食堂には270人が来てくれた。

そうして、私の年末年始は終わった。

終わると同時に、今度は東京をはじめとした首都圏の緊急事態宣言という話になっている。飲食店ばかりがまた槍玉に挙げられているが、自粛と補償をセットにしないと困窮者は増え続けるばかりだろう。

年末年始、多くの人が支援につながった。が、まだまだ支援団体すら知らない人が大半だ。その上、民間の「共助」はとっくに限界を迎えている。

国はいつまでも民間の善意をあてにせず、今年こそ、「公助」に本気を出してほしい。「国に見捨てられることはない」という「安心感」は、確実に自殺を予防すると信じている。

(2020/1/6 更新 https://maga9.jp/210106-4/)

㉚ 命の危機でも生活保護を拒む人たちと、増える自殺者

怒涛の年末年始が終わったと思ったら、東京を中心とした一都三県に1月7日、二度目の緊急事態宣言が発出された。

多くの飲食店が悲鳴を上げ、飲食の仕事にあぶれた人々は日雇い派遣に殺到し、そうなるとそれまで日雇い派遣で働いてきた人たちがシフトに入れなくなりネットカフェ生活も維持できなくなる。昨年3月から感染者が増えるたびに繰り返されてきたことだが、国にはそんな不安定層の

現実はまったく見えていないようで、ここにはなんの手当てもない。

東京都は住まいがない人へのホテル提供を緊急事態宣言の期限である2月7日まで延長したが、当事者にどれほど届いているかも未知数だ。

「新型コロナ災害緊急アクション」に届くSOSは、年明けとともにかなり増えている状態だ。すでに野宿という人も多く、寒さが耐えられないという悲鳴に胸が痛む。支援者が駆けつけるが、同様の人は増えるばかりだ。

そんな中、この年末年始に開催された「年越し支援・コロナ被害相談村」の詳しいデータが出た。相談件数が344件であることは前述した通りだ。うち外国人は24人で、国籍はエチオピア、ベトナム、バングラディシュ、フィリピン、ミャンマーなど。

3日間合わせて、相談に訪れた人には約400セットの食料品が配布された。

相談者の年代別はというと、40代がもっとも多く22％。ついで50代21％。30代と60代がそれぞれ16％。

相談の種類としては、もっとも多いのが「生活」で50％。ついで「食事」で19％。その次は「仕事」の13％、「住居」の9％が続く。

衝撃的だったのは「住まい」に関してのデータ。相談者のうち、住まいが「あり」と答えたのは47％。対して45％の人が「なし」と回答したのだ。

一方、所持金については1000円以下の人が29％を占めた。

また、のちのフォローが必要と思われる75件のうち、電話がある人はわずか37件であることも判明した。ということは、すでに38人が携帯が止まっている状態。

「ここまで携帯が止まっている人が多いとは」

実行委員のメンバーも驚く数字だった。確かに、「新型コロナ災害緊急アクション」にSOSメールをくれる人々も約半数がすでに携帯が止まっているかもうすぐ止まるという状態。よってフリーWi-Fiのある場所でしか連絡がとれないことが支援の壁となり、本人にとっては携帯番号がないということが仕事や不動産契約の壁となってしまう。

そんなふうに携帯が止まり、すでに住まいを失い野宿生活、そして全財産も1000円を切っているというのに、「生活保護だけは受けたくない」という人が多かったのもこの年末年始の特徴だった。

一方、それほど抵抗はないけれど、親や兄弟に知られるのが嫌だからと申請をためらう人もいる。

生活保護を申請すると、「扶養照会」といって家族に連絡がいくのだ（虐待やDVがあったり、10〜20年音信不通だったり親が高齢だったりするとされない場合もある）。これが生活保護申請の大きな壁になっているのだが、では、「あなたの息子さん／親が生活保護の申請に来ているが面倒をみられないか」と言われて、どれほどの人が「面倒をみます」となっているのか。ここに貴重な数字がある。困窮者支援に奔走する足立区議会議員・おぐら修平さんによると、19年、足立区で生活保護新規申請世帯は2275件。うち、扶養照会によって実際に扶養がなされたのはわずか7件で1％以下。照会したところでほとんどが「無理」と答えているのである。事務的な手間を考えても照会しないのが合理的ではないだろうか。

この扶養照会について、せめてコロナ禍だけでも省略するよう求めているのだが、今のところ変化はない。

もうひとつ、生活保護を忌避する理由として多いのは、「一度申請したことがあるが、相部屋のひどい施設に入れられたので逃げ出してきた、あんな思いだけはもう勘弁」というものだ。

支援者が同行せずに路上から生活保護申請をした場合、劣悪な無料低額宿泊所など貧困ビジネスの施設に入れられてしまうことが多いのは、これまでも書いてきた通りだ。支援者が同行し、交渉すればそのような施設を回避してアパートに転宅する道筋をつけることができるのだが、一人で行くと、生活保護の「入り口」で、ある意味「地獄を見る」ようなことになってしまうのだ。

路上生活が長そうな人であまりにも生活保護を拒否する場合、話を聞くと大抵このような施設に入れられてしまった経験がある。公的福祉に繋がることによってひどい経験をし、それがトラウマになって公的福祉を拒絶する人々を大量に生み出しているなんて、それはセーフティネットとは到底言えない。まるでわざと「福祉なんてこりごり」という思いを刷り込んでいるかのようではないか。

さて、生活保護を拒む理由としてそれよりもダントツに多いのは、生活保護そのものへの抵抗感だ。

「生活保護を受けるくらいなら死んだ方がまし」「やっぱり、イメージが悪い」「抵抗がある」「なんとか生活保護だけは避けたい」

そんな言葉を聞くたびに、前述した12年の生活保護バッシングを思い出す。

あのバッシングは今、住まいもお金もなく、3日食べていないなど「命の危機」にさらされている人たちに強固に作用し、当人を殺しかけている。そんな事実を、当時バッシングを主導した自民党議員はおそらく知りもしないだろう。

ちなみに、私たちも無差別に生活保護を勧めているわけではない。使える制度がそれくらいしかないから勧めているのだ。住まいがなければ仕事も見つからない。生活保護を利用すれば転宅費も出てアパート入居ができるから、まず安定した住まいを確保するために利用したらどうか、そうして働いて収入が上回れば保護を廃止すればいいのでは、と提案しているのだ。なぜなら、このまま放置すれば餓死する可能性が高いから。

もちろん、中にはそのような説得が功を奏して「申請します」となることもある。

しかし、それでも首を縦に振らない人たち。

「もう少し自力で頑張ってみます」

「炊き出し周りながら、なんとか生活立て直します」

大きな荷物を持ち、疲れ果てた顔でそう言う人の姿を見るたびに、やっぱり浮かぶのは生活保護バッシングをした自民党議員たちの顔だ。「生活保護を恥と思わないことが問題」などの発言を繰り返した片山さつき氏、フルスペックの人権を否定するような発言をした世耕弘成氏。あなたたちの言説はコロナ禍の今、呪いの言葉となって困窮者たちを縛り、命を危険にさらしていますがどう思いますか？　そう問いたくなってくるのは私だけではないだろう。

しかし、怒ってばかりいても仕方ない。私が今望むのは、あの時バッシングを繰り広げた議員たちが、今こそ当時の言説を否定してくれないかということだ。

「あの時はそう言ったけれど、コロナ禍は災害のようなものだから、困窮は決して本人だけのせいではないから、どうか恥などと思わずに生活保護を利用してください」

バッシングをした人たちが率先してそう言ってくれたら——。そう望むのはあまりにも愚かなことだろうか。しかし、それで救える命は確実にあるのだ。

この年末、厚労省は、「生活保護の申請は国民の権利です」と打ち出した。また、1月7日には全国に「生活保護申請をためらわせることがないように」という通知も出している。

しかし、それだけでは足りないのだと思う。「権利」と言われて響く人は、もうとっくに利用している。いくら権利と言われてもためらってしまう人たちを動かす言葉は、ある意味でこれまでのバッシングを超えるような力強いものだと思うのだ。それを私はいまだに発見できていないことが歯がゆい。生きる方向に、制度利用の方向に動かすほどの力のある言葉。

「今までたくさん税金払って支えてきたんだから、今度は○○さんが少しくらい支えてもらったっていいんじゃないんですか？」

年末年始、何度も口にした。少しだけ、気持ちが揺らぐ瞬間が垣間見えたけれど、彼ら彼女らのその後はわからない。携帯が止まっているから、連絡がとれない。

さて、そんなふうに生活保護について延々と書いてきたのは、昨年末、悲しい事件が相次いだからだ。

まずは11月28日、小田急線の玉川学園駅で、50代の娘と80代の母親が特急列車に飛び込んだ事件。親子は数年前からお金に困っていたようで、近隣住民にお金を借りていたという。駅の防犯カメラには、列車に飛び込む一時間ほど前から二人がホームを往復し、何度も飛び込もうとしてはためらう姿が記録されていたという。

一方、12月11日には、大阪市港区マンションで40代の娘と60代の母親が遺体で発見されている。二人は餓死したとみられ、母親の体重はわずか30キロ。冷蔵庫は空で、水道やガスも止められ、所持金はわずか13円だった。親子は昨年春頃から困窮し、次第に追い詰められていったようだ。

どちらのケースも、詳しい背景はわからない。しかし、生活保護を利用していれば、命を奪われることはなかったのではないだろうか。なぜ、親子は特急列車に飛び込むほどに、そして餓死するまでに追い詰められたのか。公的福祉に助けを求められなかったのか。

「福祉を利用すればよかったのに」。このような事件が起きた時だけ、一瞬そんな声が大きくなる。が、今の日本は「安心して生活保護が利用できる国」ではないとも思う。「受けたくない」という人の声を聞くと、「バッシングが怖い」「バレたらどんな目に遭うかわからない」というように、世間のバッシングへの恐怖も耳にする。もちろん、バッシングは12年以前にもあった。しかし、08年から09年にかけての年越し派遣村ではそこまで抵抗が強くなかったことを思うと、やっぱりどうにも悔しいのだ。

さて、ここで前述した、コロナ相談村に訪れた人々のデータを振り返りたい。

私がもっとも驚いたのは、相談に訪れた女性が全体の18%だったということだ。

年越し派遣村の時は505人中、女性は5人。ということはわずか1%。それが2割近くにまで増えたのだ。この結果を受けて現在、女性に特化した支援体制を作ろうと女性たちで動き始めている。

緊急事態宣言は今のところ2月7日まで。状況はこれからさらに深刻になるだろう。なぜなら、貯蓄額によって困窮に至る時期に時差が出るだけの話で、これからさらに貯金が尽きる人が出てくるからだ。

その上、今年の年度末には大量の非正規解雇が起きるのではと言われている。3月末、次の危機が来る可能性があるのだ。

年末年始支援が終わったと思ったら、次は年度末に向けた支援の準備。その間にも、年末年始に出会った人々へのアフターフォローや役所への同行がある。もう一年近くこんなことをやっていると思うと、時々いつまで続くのかと怖くなる。

最後に。

私が生活保護バッシングについてしつこく書くのは、生活保護が必要なのにためらう人を増やすことは、自殺者を増やすことに繋がると思うからだ。

昨年4月、生活保護申請者は前年同月比で25％増となった。困窮者支援の現場感覚で言えば、それからコンスタントに増え続けることが予想されたもののその後落ち着き、9月に2ヶ月ぶりに増加したが、それほど増えてはいない。

代わりに昨年後半から急増したのは自殺者だ。特に女性。

命を守るはずの政治が、弱い立場に追いやられた人々の命を奪うなんて、そんなこと、絶対にあってはいけないのだ。

（2021/1/13更新　https://maga9.jp/210113-1/）

あとがき

２０２０年４月、小さな頃から大好きだった祖母が息をひきとった。

「優しいおばあちゃん像」とは少し違う、自立心旺盛で豪快で大酒飲みの、なんでも笑いに変えてしまうような人だった。

祖母が亡くなったのは、私の実家がある北海道の施設。２月から感染対策で面会は制限され、私の家族も会えなくなっていた。そんな中、祖母は97歳でその生涯を終えた。老衰だった。

コロナ禍ということで家族だけで上げた葬儀に、私は行くことができなかった。私は東京在住。もし、自分が知らずに感染していたら、家族に感染を広げることになりかねない。そんな思いから泣く泣く断念した。

そうして改めて、新型コロナという病気の残酷さを思い知った。家族のお見舞いに行くこともできず、死に目にも会えない。遠方に住んでいたら葬儀で見送ることさえできない。これまでの「当たり前」が通用しなくなる病気。人と人とを分断するようなウイルス。

私の気持ちが支援の現場により向くようになったのは、それ以来のことだと思う。

距離的な問題で祖母の葬儀にも行けず、北海道に住む親や兄弟に対し、悲しいほど何もできないなら、私は私のいる東京で、自分にできることをするしかない。

どこかで、覚悟が決まった。

そうして緊急事態宣言下の東京を歩くと、怖いほど人のいない繁華街に、野宿になりたてと思われる人たちが座り込み、途方に暮れていた。

そんな人たちに声をかけ、支援団体の情報を伝えた。また、電話相談があると聞けば相談員に名乗りを上げ、みんなでコロコロ変わる制度の勉強をした。支援の現場をレポートし、そして政府や東京都などに何度も申し入れをし、政府交渉もしてきた。

本文で書いてきたように、本当にいろんな人に会った。

共通していたのは、コロナ禍は「きっかけ」に過ぎなかったということだ。

新型ウイルスの流行は、この国の経済がとっくに崩壊していたということを、嫌というほど露呈させた。非正規雇用を増やし、彼ら彼女らを低賃金で不安定な立場に押し込み、何かあればその層を放り出す――。そうやって人の命や生活を犠牲にし、騙し騙しで続けてきたシステムが限界を迎えていることが、白日のもとに晒された。

冷静に考えれば、誰だってわかる話だ。働く人の4割が非正規雇用で、将来の見通しを立てづらい。社会的信用に乏しいが故にローンなどを組むのが難しく、賃貸物件の入居審査に落ちることもあるなど居住の不安定さにも晒されている。そんな非正規雇用で働く人の平均年収は179万円（国税庁・18年）。男性は236万円。女性非正規に限ると154万円。これでは何かあった時のための貯金も難しい。実際、金融広報中央委員会の19年の調査によると、貯蓄ゼロは単身世帯で38％。

そんな人々が、コロナ禍で真っ先になんの補償もなく放り出された。

出会った一人一人が、この「失われた30年」の、そしてこの国の雇用破壊の歴史の生き証人だった。


さて、ここまで読んで、「活動を応援したい」という人もいるかもしれない。

ぜひ寄付したいという方は、緊急ささえあい基金に。https://corona-kinkyu-action.com/sasaeai/

２０２０年に立ち上げたこの基金には、すでに一億円以上が集まっている。

「反貧困犬猫部」も寄付金を募っている。「ペットを連れてホームレスになってしまった」という声はその後も続々と届いており、ペット可のシェルターの需要は高い。現在「ボブハウス」は4部屋あるが、常にフル稼働の状態だ。

そして私も属する「新型コロナ災害緊急アクション」では、相談を受け付けている。身近な人が困っていたら、ぜひ「こんなところがあるよ」と教えてあげてほしい。首都圏以外の場合は、その人の住む地域の支援団体も紹介できる。
※相談フォームからお送りください。https://corona-kinkyu-action.com/

ということで、まだまだ収束が見えないコロナ禍だけど、今、私たちは「助け合い」の実践をしているのだと思う。

コロナ以降の世界には、「自己責任論」が少しでも薄まっていればいいのに。そして、そのかわりに「助け合い」が復権していたら、それはどんなに生きやすい社会だろう。

そんな世界を夢見ながら、活動を続けている。

２０２１年１月

雨宮処凛

スペシャルサンクス　マガジン９編集部の皆さま、かもがわ出版の皆さま、そして日々困窮者支援に奔走している「新型コロナ災害緊急アクション」など全国の支援者の皆さま。

雨宮処凛（あまみや・かりん）

1975年、北海道生まれ。作家・活動家。フリーターなどを経て、2000年、自伝的エッセイ『生き地獄天国』（太田出版／ちくま文庫）でデビュー。以来、格差・貧困問題に取り組み、この国の“生きづらさ”に関して、著作やメディアなどで積極的に発言。2007年に出版した『生きさせろ！ 難民化する若者たち』（太田出版／ちくま文庫）でJCJ賞（日本ジャーナリスト会議賞）を受賞。「反貧困ネットワーク」世話人。
著書に、『相模原事件・裁判傍聴記 「役に立ちたい」と「障害者ヘイト」のあいだ』（太田出版）、『非正規・単身・アラフォー女性 「失われた世代」の絶望と希望』（光文社新書）、『女子と貧困』（かもがわ出版）、『ロスジェネのすべて 格差、貧困、「戦争論」』（あけび書房）など多数。

装丁：加門啓子

コロナ禍、貧困の記録　2020年、この国の底が抜けた

2021年4月10日　第1刷発行
2021年10月15日　第3刷発行

著　者　© 雨宮処凛
発行者　竹村正治
発行所　株式会社かもがわ出版
〒602-8119　京都市上京区堀川通出水西入
TEL075-432-2868　FAX075-432-2869
振替 01010-5-12436
ホームページ http://www.kamogawa.co.jp
印　刷　シナノ書籍印刷株式会社

ISBN978-4-7803-1155-6　C0036